KB218870

마구로센세의
본격!
일본어 스터디

⑤

마구로센세의
본격!
일본어 스터디

중급 ⑤ 일본의 건축물

bs
브레인스토어

저자의 말

다년간 사회 각계각층의 수강생들을 직접 만나서, 셀 수도 없을 만큼의 일본어 강의를 해왔습니다. 강의가 끝나면 늘 강의 평가라는 강사의 성적표가 따라오게 마련입니다. 감사하게도 제 강의에 대해 좋은 평가를 해주시는 수강생들의 의견은 "일본어라는 어학뿐만 아니라, 일본의 문화와 정서까지 이해시켜 주는 강의였다."는 것이었습니다.

그런 강의를 책으로도 보여 드릴 수 없을까 고민하던 중, 나인완 작가님의 작품을 접하게 되었습니다. 작가님은 제가 표현하고자 하는 일본의 문화와 정서를 '마구로센세'라는 친근한 캐릭터로 펼치고 있었습니다. 작가님과의 만남으로 이루어낸 작품이 지금 손에 들고 계신 《마구로센세의 본격 일본어 스터디》입니다.

각 장의 구성은 아래와 같습니다.

1) 에피소드: 마구로센세를 통해 체험하는 일본 생활
2) 일본통 되기: 일본 문화, 정서에 대해 알아 가기
3) 일본어 정복: 마구로센세가 일본어 요정 유리링과 일본어 핵심 요소를 정복
4) 연습하기: 앞서 배운 내용을 다양한 예문을 통해 연습
5) 정답 확인: 연습하기의 정답 확인으로 학습 내용 내 것으로 만들기

《마구로센세의 본격 일본어 스터디》 시리즈는 앞으로도 일본의 지역, 문화, 역사, 사회 현상 등에 대해서 소개하며, 일본어 스터디를 이어 나갈 예정입니다. 많은 기대와 성원 부탁드립니다.

감사합니다.

일본어 강사 최유리

차례

오랜만이에요, 마구로센세!
그동안 잘 지냈나요?

그럼요!

최근에 살이 너무 쪄서요.
다이어트를 시도했다가,
실패해서 오히려 더 찌고 말았어요.

투실

투실

그건 좀 비밀로 간직해야 되는
이야기 아닌가요?

아무튼 저희 일본어 공부책이
이제 벌써 5권이 되었어요.

다양한 지역에 있는 그들의 건축물들 알아보면서

일본 현대 건축의 다양한 특징을 배워 보도록 해요.

건축이라니 정말 흥미로운 소재네요!

안 그래도 일본의 건출물들이 참 멋지다고 생각했는데, 이번 기회에 열심히 배워 봐야겠어요!

그리고 다양한 저의 초밥 친구들도 새롭게 등장하니 기대해 주세요!

자! 이제 공부하러 가시죠!

벌써요…?

건축계의 노벨상?!
'프리츠커상'과
일본의 건축가들

수여 동사 1
(사물, 개념, 정서 등)

엇, 마구로센세?
여기서 뭐 해요?

앗, 유리링!
후배랑 커피 한잔하고
있었어요.

이쪽은 제 학교 후배,
사바군입니다.

안녕하세요.
말로만 듣던 유리링 선생님이시군요!

안녕하세요!

그런데 어떤 말을 들으셨길래….

아앗! 좋은 말입니다…. 오해 마세요!

사바군이 최근에 도쿄에 이사를 오게 돼서요. 집들이도 할 겸 만났어요.

사바군의 집들이 선물로 뭘 줬어요?[1]

선배가 저에게 여행 선물을 줬어요.[2]

여행 선물?

이 자료는 선배에게 받았어요.[3]

무슨 자료인데요?

그건 바로….

마구로센세가 피와 땀을 들여 만든
도쿄 맛집 리스트!!

맛집
리스트

감동을 받았어요.[4]

이 리스트를 만드느라
살이 5kg나 쪘다고 해도 과언이 아니죠.

디룩
디룩

그냥 찐 건데 괜히
리스트 탓하는 것 같은데….

뜨끔…!

그래서 저도
그 보답으로 선배에게
선물을 준비했어요.

그런 걸 바란 건 아닌데, 뭘 또 그런 거까지….

설마 혹시 내가 최근에 맛있다고 하루에 한 번씩 말한 그것?

그게 뭐죠?

새로 나온 신상 고구마 칩 있잖아!!

아 고구마 칩은 아닌데요. 비슷해요!

최근에 체험 농장을 다녀왔는데요. 거기서 고구마를 직접 캐는 활동을 했는데 너무 보람차더라구요!

땀 흘리고 온몸을 움직여서
직접 캐 먹는 고구마 체험이

땀을 흘리고…
몸을 움직여…?

감동을 주었습니다.(5)

포롭

도시에서는 느낄 수 없었던

자연과의 교감 체험을 제공했습니다.(6)

자! 여기 체험권!
마침 세 장이네요!

체험농장
체험농장
체험농장

다음 주에 다 같이 가시지 않을래요?

오오! 너무 좋아요!
안 그래도 해 보고 싶었는데.

제가 듣기로는
다음 주에 폭염이 있을 거라고 하던데요?

아무래도 건강이 제일 중요하니
잠시 미루기로 하죠!

지금 10월인데,
무슨 폭염이에요….

직접 캐서 고구마 칩을 만들면
훨씬 맛있을 거예요!

그… 그래?
알… 겠어….

주문하신
고구마무스케이크
나왔습니다.

일본통 日本通 되기!
に ほん つう

일본의 건축가 建築家
けんちくか

전통을 중시하는 장인문화가 사회에 깊게 영향력을 끼치는 일본은 건축분야에서도 다양한 성과를 내고 있어요.

1 프리츠커상 최다 수상자 보유

건축계의 '노벨상'이라고 불리는 프리츠커상 수상자가 세계에서 가장 많은 9명으로, 8명인 미국보다도 많은 수상자를 보유하고 있어요. 이들 수상자들은 각자 독특한 건축 철학과 스타일로 세계적 명성을 얻었어요.

가장 최근에 수상한 야마모토 리켄은 지역사회와 공동체 육성을 돕는 사회적 건축을 실천해 왔으며, 히로시마 소방서와 책의 벽으로 이뤄진 도서관 등을 설계했어요. 일본이 이처럼 많은 프리츠커상 수상자를 배출할 수 있었던 이유로는 다음과 같은 요인들이 있다고 볼 수 있는데요.

1 일찍부터 국제 교류에 나선 일본 건축계의 노력
2 도제식 전통을 통한 우수한 건축가 양성 시스템
3 전통을 현대적 관점에서 재해석하고 발전시키는 건축 철학
4 건축을 국가를 설계하는 싱크탱크로 여기는 인식

이러한 요인들이 일본 건축계의 지속적인 성장과 세계적 인정을 이끌어냈다고

볼 수 있어요.

◎ 프리츠커상 수상 일본인 건축가

단게 겐조 (1987년)

마키 후미히코 (1993년)

안도 다다오 (1995년)

세지마 가즈요·니시자와 류에 (2010년, 공동 수상)

이토 토요오 (2013년)

반 시게루 (2014년)

이소자키 아라타 (2019년)

야마모토 리켄 (2024년)

이외에도 쿠마 겐고, 마키 후미히코 등 이름은 몰라도 그들의 건축물을 일본 관련 영상이나 사진에서 한 번쯤은 봤을 법한 뛰어난 건축가도 많아요. 5권에서 는 이들에 대해서 간단한 소개와 함께 이들의 대표 건축물 중에서 일반인이 견학 가능한 작품에 대해서 지역별로 살펴보고, 직접 숙박하면서 체험할 수 있는 숙 박업소까지 소개할게요.

2 일본의 대표 건축가 ① 반 시게루 坂 茂

1957년 도쿄에서 태어난 세계적인 건축가 예요. 그는 혁신적인 건축 설계와 지속 가능한 재료 사용으로 널리 알려져 있는데요. 1984년 뉴욕의 쿠퍼 유니온에서 건축학 학사 학위를 받았고, 남가주 건축학교 대학원 (SCI-ARC)에 서 공부했어요. 1985년에 귀국하여 '시게루 반 건축설계'를 설립했어요.

1) 건축 철학과 특징

① 지속 가능성

종이 튜브와 같은 재활용 가능한 재료를 혁신적으로 사용

② 사회적 책임

재난 지역에 임시 주택과 학교를 건설하는 등 사회 문제에 적극적으로 대응

③ 혁신적 설계

전통적인 건축 재료의 한계를 넘어서는 창의적인 접근법

2) 주요 작품

① 오다와라 홀 (1990)

330개의 종이관으로 만든 혁신적인 구조물

② 하노버 만국박람회 일본관 (2000)

환경을 고려한 종이관 파빌리온

③ 퐁피두 센터 메스 (2008)

프랑스 국토 모양을 본뜬 육각형 구조로, 중국 전통 모자에서 영감을 받은 목재 천장이 특징

④ 시즈오카 후지산 세계유산 센터 (2013)

현지 목재를 사용하고, 후지산의 용천수를 재활용하여 건물의 냉난방에 이용

반 시게루는 단순히 아름다운 건물을 만드는 것을 넘어, 환경과 사회에 긍정적인 영향을 미치는 '행동하는 건축가'로 널리 알려져 있어요. 그의 작품은 건축의 새로운 패러다임을 제시하며, 지속 가능성과 사회적 책임을 강조해요.

3 일본의 대표 건축가 ② 쿠마 켄고 隈 研吾

1954년 가나가와현 요코하마시에서 태어난 세계적으로 유명한 건축가이자 디자이너예요. 1990년 쿠마 켄고 건축도시설계사무소를 설립하였고, 이후 게이

오기주쿠대 교수와 도쿄대 교수를 거쳐 현재 도쿄대 명예교수로 재직 중이에요. 그의 건축 철학은 자연, 기술, 인간을 서로 연결하는 것에 중점을 두고 있으며, 이는 그의 시그니처 스타일로 자리 잡았어요.

1) 건축 철학과 특징

1 과감한 재료 선택

나무, 대나무, 종이, 세라믹, 천 등 '약한' 소재를 선택

2 환경 친화적 접근

자연 재료를 사용함으로써 환경에 대한 고려를 건축에 반영

3 지역성 반영

지역의 특성과 문화를 고려한 디자인을 추구

2) 주요 작품

1 Victoria & Albert Dundee

그가 가장 감회 깊게 여기는 프로젝트로, 많은 난관을 극복하고 완성

2 아사쿠사 문화 관광 센터

여러 개의 지붕을 겹친 듯한 독특한 외관이 특징

3 산토리 미술관

"도시의 거실"이라는 콘셉트로 2007년에 건설

4 2020 도쿄 올림픽 경기장

나무와 강철을 결합한 친환경 설계로 전통 건축 기법과 현대 구조 공학의 결합을 보여주는 작품

쿠마 켄고의 건축 철학은 현대 건축의 주류에 대한 도전이자, 자연과 인간, 전통과 현대를 조화롭게 연결하려는 시도로 볼 수 있어요. 그의 작품들은 이러

한 철학을 실제로 구현하며, 국제적으로 인정받고 있어요.

4 일본의 대표 건축가 ③ 안도 타다오 安藤 忠雄

1941년 오사카에서 태어난 세계적인 건축가로, 건축가가 되기 전에 트럭 운전사와 프로권투선수로 일했으며, 건축에 대한 전문적인 교육을 받지 않고 독학으로 공부했다는 독특한 이력이 있어요. 그는 1962년부터 1969년까지 세계 각지를 여행하며 건축을 독학으로 배웠어요. 1969년에 안도 타다오 건축 연구소를 설립했고, 이후 그의 독창적인 건축 스타일로 세계적인 명성을 얻게 되었어요.

1) 건축 철학과 특징

① 자연과의 융화

자연을 건축물 안으로 끌어들이거나 건축물을 자연 속에 조화롭게 배치

② 미니멀리즘

불필요한 요소를 제거하고 단순하면서도 질서 있는 기하학적 형태를 사용

③ 내부 공간의 중요성

외형보다 내부 공간의 경험을 더 중요하게 여김

④ 동서양 건축의 조화

기하학적 서양 건축과 유기적 동양 건축의 조화를 추구

2) 주요 작품

① 빛의 교회

오사카에 위치, 어두운 박스형 공간의 정면에 십자가 모양의 빛이 들어오는 독특한 디자인이 특징

② **아와지 유메부타이**

2013년 개관한 복합문화시설, 자연과 공존하는 문화예술 공간으로 구성

③ **지추미술관**

자연과 예술, 건축의 조화를 추구하며, 안도의 특유의 노출 콘크리트 건축 스타일

④ **나오시마 프로젝트**

30년에 걸쳐 완성한 프로젝트, 나오시마 섬의 자연과 예술 그리고 건축을 융합한 대규모 작업

안도 타다오는 나이와 건강 문제에도 불구하고 "성장할 수 없다면 전 포기합니다. 한 단계 위로 가려는 마음이 사라지면 일을 접는 게 나아요."라고 말하며 지속적인 발전을 강조하는 건축계의 살아 있는 전설이에요.

⑤ 일본의 대표 건축가 ④ 이토 토요오 伊東 豊雄

1941년 서울특별시에서 태어나, 도쿄 대학 공학부를 졸업한 후, 기쿠타케 기요노리 설계 사무소에서 일하기 시작했어요. 이후 1971년에 독립하여 '어번로봇'(현 이토 도요오 건축 설계 사무소)을 설립했어요.

1) 건축 철학과 특징

① **자연과의 조화**

빛, 바람, 시간과 같은 자연 요소들을 건축물의 일부로 삼아, 건축과 환경이 하나로 어우러지는 디자인을 추구

② **유동성과 투명성**

곡선을 활용한 건물을 많이 설계했는데, 이러한 곡선의 형태는 구조적, 공학

적 요소들에 의해 결정

③ 실험성과 혁신

특정한 형태나 규칙을 갖고 있지 않으며, 주변 환경과 건축물의 용도에 중점을 둔 설계

2) 주요 작품

① 화이트 U (White U, 1976)

빛을 통해 공간에 변화와 역동성을 부여

② 바람의 탑 (Tower of Winds, 1986)

요코하마역에 위치한 건물로, 주변 기상 조건에 따라 표면에 화려한 빛이 나타나도록 설계

③ 야스시로 시립박물관 (1991)

이토의 첫 공공건축물로, 자연과의 조화와 다용도 평면이 특징

④ 센다이 미디어테크 (2000)

이토의 가장 대표적인 건축물로, 혁신적인 구조와 개념을 선보임

이토 토요오의 건축은 "건축은 대지의 일부"라는 생각을 바탕으로 하며, 작품 전반에 걸쳐 나타나는 특징이에요. 그의 혁신적인 접근은 건축학과 디자인, 그리고 예술의 경계를 넘나들며 많은 사람들에게 영감을 주고 있어요.

6 일본의 대표 건축가 ⑤ 단게 겐조 丹下 健三 (1913-2005)

1913년 오사카에서 태어났고, 히로시마의 원폭 피해를 목격한 후에는 건축을 통해 사회적 재건을 이루고자 하는 강한 의지를 갖게 되었어요. 1935년 도쿄 제국대학(현 도쿄 대학)에서 건축을 전공했고, 졸업 후 마에카와 쿠니오의 사무소에서 경력을 쌓았어요. 1946년에는 도쿄 대학 건축학과 교수로 임명되어 이론적 연구와 실무 경험을 결합하는 중요한 계기를 마련했어요.

1) 건축 철학과 특징

① 전통과 현대의 조화

일본의 전통적인 미학과 서양의 모더니즘을
종합하여 새로운 건축 언어를 창조

② 사회적 책임

건축이 시대의 정신을 표현하고 사회의 전반
적인 복지에 기여해야 한다고 믿음

③ 메타볼리즘

건축을 유기적으로 성장하고 변화할 수 있는 구조로 보는 메타볼리즘 운동의
주요 인물

④ 도시 계획

대규모 도시 계획과 공공 건축물 설계를 통해 사회적 문제 해결에 기여

2) 주요 작품

① 히로시마 평화기념공원 (1954)

원자폭탄 희생자들을 추모하고 평화를 기원하기 위해 조성된 공원으로, 단게
의 건축 철학을 잘 보여주는 작품

② 도쿄 성모 마리아 대성당 (1963)

유려한 곡선과 구조적인 매스가 특징

③ 후쿠오카 타워 (1989)

미래지향적이고 혁신적인 디자인과 첨단 공학 기술이 적용된 타워로, 지역 사
회와 자연 환경과의 조화를 중시

④ 도쿄 도청사 (1991)

도쿄 신주쿠에 위치한 복합 행정 건물로, 단게의 후기 작품을 대표

단게 겐조는 1987년 아시아에서 최초로, 건축계의 노벨상이라 불리는 프리츠

커상을 수상하며 건축적 업적을 국제적으로 인정받았어요. 그의 작품과 철학은 현대 건축에 큰 영향을 미쳤으며, 일본 건축의 세계화에 중요한 역할을 했어요.

7 일본의 대표 건축가 ⑥ 마키 후미히코 槇 文彦 (1928-2024)

1928년 도쿄에서 태어나 도쿄대 건축학과를 졸업했어요. 그의 스승은 일본 현대 건축의 아버지로 불리는 단게 겐조예요. 이후 미국으로 건너가 크랜브룩 예술 아카데미에서 석사 학위를, 하버드 건축대학원에서 또 다른 석사 학위를 취득했어요. 1960년대 메타볼리즘 그룹의 창립을 도왔으며, 워싱턴 대학과 도쿄대에서 교수로 재직하며 이론과 실무 양쪽에서 명성을 쌓았어요.

1) 건축 철학과 특징

① 장소성 중시

건물이 들어설 장소와의 관계를 중요시

② 이중성의 표현

수평성과 수직성, 근대와 과거, 투명성과 중후함, 일본과 서양의 이중성을 표현

③ 보행자 시점 중심

모든 건축물을 보행자의 시점에서 공간을 조직

2) 주요 작품

① 스파이럴 (Spiral Building)

혁신적인 디자인 접근을 보여주는 대표적인 작품

② 도쿄 힐사이드 테라스 (Hillside Terrace Complex)

1969년부터 30년에 걸쳐 완성된 이 프로젝트의 각 건물군은 기하학적 형태

와 단순 요소의 반복으로 디자인되었으며, 전체적으로 하나의 건축 개념을 공유

③ 교토 국립 근대미술관 (National Museum of Modern Art Kyoto)

동서양 문화 융합 접근을 잘 보여주는 작품

④ 바람의 언덕 화장장 (1996)

장소성과 주변 환경과의 조화를 중시하여 화장장이지만 공원처럼 설계되어 시민들에게 즐거움을 주고, 죽음을 고찰할 수 있는 명상적 공간을 제공하며, 주변 사회와 자연스럽게 어우러지는 건축을 구현함

그의 작품은 지역 특성과 조화를 이루는 독특한 스타일로 일본 건축계에 큰 족적을 남겼으며, 세계적으로도 높은 평가를 받고 있어요.

일본어정복

 일본어 동사 중에서 수여 동사에 대해서 알려 줄게요.

 수여 동사라면 '주다/받다' 이런 거요?

 물건을 주고받을 수도 있고, 행동을 주고받을 수도 있는데요. 그중에서 1강에서는 물건이나 개념 또는 정서를 주고받는 표현에 대해서 먼저 살펴볼게요. 그리고 2강에서는 동작을 주고받는 표현에 대해서 알아보고요.

1 あげる

とも　　　　ひ　こ　いわ　　なに
友だちの引っ越し祝いに何をあげましたか？

とも 友だちの	ひ　こ　いわ 引っ越し祝いに	なに 何を	あげましたか？
친구	집들이 선물로	뭘	줬어요?

 동사의 あげる는 '주다'의 의미로 사용해요. 이때 주의할 점은 받는 사람이 '나'가 될 수 없다는 점이에요. 우리말과 다른 점 중에 하나이니 주의하세요.

 그렇다면 주는 사람은 누가 되든 괜찮은가요?

 맞아요. 주는 사람은 상관없어요. 받는 사람이 '나'가 되는 경우에 사용하는 '주다'의 동사는 곧 알려줄게요. 일단 あげる에 집중하세요!

 네! あげる를 사용할 때는 받는 사람이 누구인지 다시 한번 살펴봐야겠네요 예문을 좀 더 보여 줄게요.

1) 그녀는 그에게 생일선물을 주었습니다.

彼女は彼に誕生日プレゼントをあげました。

彼女は	彼に	誕生日プレゼントを	あげました
그녀는	그에게	생일선물을	주었습니다

2) 아이에게 간식을 준다.

子供におやつをあげる。

子供に	おやつを	あげる
아이에게	간식을	준다

3) 저는 그녀에게 꽃다발을 주고 싶어요.

私は彼女に花束をあげたいです。

私は	彼女に	花束を	あげたいです
저는	그녀에게	꽃다발을	주고 싶어요

 주는 사람은 그, 그녀이거나 나 또는 너가 될 수 있지만, 받는 사람에
는 '나'가 들어갈 수 없다는 걸 알겠어요.

2 くれる

せんぱい　わたし　　みやげ
先輩は私にお土産をくれました。

せんぱい 先輩は	わたし 私に	みやげ お土産を	くれました
선배가	저에게	여행 선물을	줬어요

 이번에 배우는 くれる도 '주다'의 의미를 갖고 있어요. 하지만 이 く れる를 사용할 때는 받는 사람이 '나' 또는 '나의 가족'과 같이 아주 가까운 사람에게만 사용할 수 있어요.

 '나' 또는 '나의 가족'이라는 건 알겠는데 아주 가까운 사람이라는 건 어디까지인가요?

 이건 정서적인 친밀도나 관계에 따라서 달라질 수 있는 부분인데요. 기본적으로 화자가 받는 사람의 감정을 대신해서 '감사'의 의미를 전 달할 수 있는 관계라고 보면 되는 거예요.

 그렇다면 내가 나의 가족에게 무언가를 주었을 때도 사용할 수 있나 요?

 아니에요. 그때는 내가 주는 사람이기 때문에 くれる가 아닌 あげ る를 사용하는 것이 자연스러워요.

 좀 어렵지만, 어쨌든 くれる는 받는 사람이 '나' 또는 내가 그 입장 을 대변할 수 있는 관계의 사람까지만 허용된다는 거네요.

 맞아요! 예문을 몇 개 더 보여 줄게요.

1) 후배는 저에게 이 책을 주었습니다.

こうはい わたし ほん
後輩は私にこの本をくれました。

こうはい 後輩は	わたし 私に	ほん この本を	くれました
후배는	저에게	이 책을	주었습니다

2) 부모님이 용돈을 주었습니다.

りょうしん こづか
両親がお小遣いをくれました。

りょうしん 両親が	こづか お小遣いを	くれました
부모님이	용돈을	주었습니다

 이때 받는 사람이 언급되지 않아도 くれる를 사용했기 때문에 '나' 라는 것을 알 수 있어요.

3) 교수님은 새 컴퓨터를 주셨다.

きょうじゅ あたら
教授は新しいパソコンをくれた。

きょうじゅ 教授は	あたら 新しいパソコンを	くれた
교수님은	새 컴퓨터를	주셨다

3 もらう

この資料は<ruby>先生<rt>せんせい</rt></ruby>にもらいました。

この<ruby>資料<rt>しりょう</rt></ruby>は	<ruby>先生<rt>せんせい</rt></ruby>に	もらいました
이 자료는	선생님에게	받았어요

 もらう는 '받다'의 의미가 있어요. 이건 받는 사람과 주는 사람에 상관없이 한 가지만 사용하니 크게 어렵지 않을 거예요.

 그렇네요. 그래도 예문을 몇 개 더 보여 주세요.

1) 그녀에게 손수 만든 도시락을 받았어요.

<ruby>彼女<rt>かのじょ</rt></ruby>に<ruby>手作<rt>てづく</rt></ruby>り<ruby>弁当<rt>べんとう</rt></ruby>をもらいました。

<ruby>彼女<rt>かのじょ</rt></ruby>に	<ruby>手作<rt>てづく</rt></ruby>り<ruby>弁当<rt>べんとう</rt></ruby>を	もらいました
그녀에게	손수 만든 도시락을	받았어요

2) 그녀는 그에게 초콜릿을 받았어.

<ruby>彼女<rt>かのじょ</rt></ruby>は<ruby>彼<rt>かれ</rt></ruby>にチョコレートをもらった。

<ruby>彼女<rt>かのじょ</rt></ruby>は	<ruby>彼<rt>かれ</rt></ruby>に	チョコレートを	もらった
그녀는	그에게	초콜릿을	받았어

3) 산타에게 무엇을 받고 싶은가요?

サンタさんから何をもらいたいですか。

サンタさんから	何を	もらいたいですか
산타에게	무엇을	받고 싶은가요

4) 그녀는 장학금을 받은 적이 있어.

彼女は奨学金をもらったことがある。

彼女は	奨学金を	もらったことがある
저는	그녀에게	주고 싶어요

 4)번 예문은 3권 6강에서 배운 동사의 た형을 사용한 경험의 용법이

나왔네요!

4 **与える**

感動を与えました。

感動を	与えました
감동을	주었습니다

 이번에 나온 与える도 '주다'의 의미로 사용하지만, 앞서 배운 あげ

る, くれる가 실존하는 물건에 사용한다면, 与える는 개념이나 정

서 등에 사용할 수 있어요.

 아 그렇다면 감동, 영향, 실망, 절망 이런 경우에 사용할 수 있겠네요.

 맞아요! 이 차이를 구분해서 사용해야 자연스러운 일본어를 구사할 수 있어요. 与える는 '받는 사람'에 상관없이 사용할 수 있어요. 예문을 좀 더 보여 줄게요.

1) 상사는 부하에게 새로운 일을 주었다.

上司は部下に新しい仕事を与えた。

じょうし 上司は	ぶか 部下に	あたら　　しごと 新しい仕事を	あた 与えた
상사는	부하에게	새로운 일을	주었다

2) 코치는 선수에게 조언을 해 주었습니다.

コーチは選手にアドバイスを与えました。

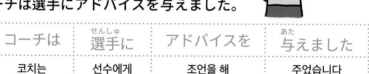

コーチは	せんしゅ 選手に	アドバイスを	あた 与えました
코치는	선수에게	조언을 해	주었습니다

3) 선생님은 학생들에게 온라인 접속 코드를 주었습니다.

先生は学生にオンラインアクセスコードを与えました。

せんせい 先生は	がくせい 学生に	オンラインアクセスコードを	あた 与えました
선생님은	학생들에게	온라인 접속 코드를	주었습니다

5 提供する

自然との触れ合い体験を提供しました。

自然との	触れ合い体験を	提供しました
자연과의	교감 체험을	제공했습니다

 이번에는 提供する 라는 '제공하다'를 사용한 문장을 배워 볼게요.

 '주다'의 あげる, くれる랑 어떤 점이 다른 가요?

 의미는 비슷하지만 提供する는 주로 공적인 관계에 사용하기에 좋아요. 기관이나 기업에서 이용객에게 무언가를 주는 경우에 사용하기 자연스러워요.

 그러고 보니 우리말로도 한자어인 '제공하다'는 공적인 일에 사용하는 경우가 많은 거 같네요.

 다른 예문도 좀 더 만나 볼게요.

1) 셰프는 손님에게 특별한 디저트를 제공했습니다.

シェフはお客様に特別なデザートを提供しました。

シェフは	お客様に	特別なデザートを	提供しました
셰프는	손님에게	특별한 디저트를	제공했습니다

2) 항공사는 승객들에게 기내식을 제공했습니다.

航空会社は乗客に機内食を提供しました。

航空会社は	乗客に	機内食を	提供しました
항공사는	승객들에게	기내식을	제공했습니다

3) 프로그래머는 고객에게 소프트웨어를 제공했다.

プログラマーはクライアントにソフトウェアを提供した。

プログラマーは	クライアントに	ソフトウェアを	提供した
프로그래머는	고객에게	소프트웨어를	제공했습니다

6 受ける

感動を受けました。

感動を	受けました
감동을	받았어요

 이번에는 受ける라는 동사에 대해서 알아볼 텐데요. 이 受ける는 '받다'라는 의미로 사용해요.

 그렇다면 もらう와 무슨 차이가 있죠?

 もらう가 물질적인 것을 받을 때 주로 사용한다면, 受ける는 정서나 개념적인 것을 받을 때 사용하기 적절해요. 예를 들어 다음과 같은 차이가 있어요.

과자를 받다	お菓子をもらう	O
	お菓子を受ける	X
일 의뢰를 받다	仕事の依頼を受ける	O
	仕事の依頼をもらう	X

다른 예문도 살펴볼게요.

1) 그녀는 부모님으로부터 경제적인 지원을 받고 있다.

彼女は両親から経済的な援助を受けている。

彼女は	両親から	経済的な援助を	受けている
그녀는	부모님으로부터	경제적인 지원을	받고 있다

2) 나는 상사로부터 엄격한 지도를 받았다.

私は上司から厳しい指導を受けた。

私は	上司から	厳しい指導を	受けた
나는	상사로부터	엄격한 지도를	받았다

3) 많은 분들로부터 따뜻한 성원을 받았다.

たくさんの方から温かい支援を受けた。

たくさんの方から	温かい支援を	受けた
많은 분들로부터	따뜻한 성원을	받았다

문법정리

수여동사

	의미	특이사항
あげる	주다	받는 사람이 '나' 이외의 경우에 사용함
くれる	주다	받는 사람이 '나' 또는 '나의 사람'일 경우에 사용함
もらう	받다	
与<ruby>与<rt>あた</rt></ruby>える	주다, 끼치다	정서적 또는 개념적인 것에 사용함
<ruby>提供<rt>ていきょう</rt></ruby>する	제공하다	공적인 관계에 사용함
<ruby>受<rt>う</rt></ruby>ける	받다	정서적 또는 개념적인 것에 사용함

다음 빈칸에 가장 적절한 단어를 골라 문장을 완성하시오.

1) 私は友達にプレゼントを＿＿＿＿＿＿。

나는 친구에게 선물을 줍니다.

① あげます　② くれます　③ もらいます

2) 友人は私に旅行のお土産を＿＿＿＿＿＿。

친구가 나에게 여행 선물을 주었습니다.

① あげました　② もらいました　③ くれました

3) 友人に旅行のお土産を＿＿＿＿＿＿。

친구에게 여행 선물을 받았습니다.

① くれました　② あげました　③ もらいました

4) 信頼感(しんらいかん)を＿＿＿＿＿＿。

신뢰감을 주다.

① あげる ② 受(う)ける ③ 与(あた)える

5) 美術館(びじゅつかん)は来場者(らいじょうしゃ)にパンフレットを＿＿＿＿＿＿。

미술관은 방문객들에게 팸플릿을 제공합니다.

① 受(う)けます ② 提供(ていきょう)します ③ くれます

6) ショックを＿＿＿＿＿＿。

충격을 받았다.

① 受(う)けた ② あげた ③ くれた

1) 私は友達にプレゼントを_____ 。

나는 친구에게 선물을 줍니다.

> ① あげます　② くれます　③ もらいます
>
> 私は友達にプレゼントをあげます。

2) 友人は私に旅行のお土産を_____ 。

친구가 나에게 여행 선물을 주었습니다.

> ① あげました　② もらいました　③ くれました
>
> 友人は私に旅行のお土産をくれました。

3) 友人に旅行のお土産を_____ 。

친구에게 여행 선물을 받았습니다.

> ① くれました　② あげました　③ もらいました
>
> 友人に旅行のお土産をもらいました。

4) 信頼感を＿＿＿＿＿＿＿＿＿＿ 。

신뢰감을 주다.

---

① あげる　② 受ける　③ 与える

....

信頼感を与える。

---

5) 美術館は来場者にパンフレットを＿＿＿＿＿＿＿＿＿＿ 。

미술관은 방문객들에게 팸플릿을 제공합니다.

---

① 受けます　② 提供します　③ くれます

....

美術館は来場者にパンフレットを提供します。

---

6) ショックを＿＿＿＿＿＿＿＿＿＿ 。

충격을 받았다.

---

① 受けた　② あげた　③ くれた

....

ショックを受けた。

동일본 지역의 대표적인 건축물 1

수여 동사 2 (행동, 동작)

깜짝 놀랐잖아요!
여기서 뭐 해요?
땀은 왜 한 바가지로….

늘 하던 아침 조깅을
하던 중이었는데요.
핸드폰을 안 가지고 와서
길을 잃어버린 찰나….

제가 좀
길치라서요.

제가 안내해 줄게요.[1]

아사쿠사
어디쯤인데….

그런데
저 유독 눈에 띄는
건물은 뭐죠?

아 저건 일본의 유명 건축가 쿠마 켄고의 아사쿠사 문화 관광 센터예요.

오호. 마치 집을 여러 층 쌓아 놓은 듯한 신기한 구조네요!

맞아요.
아사쿠사 지역은 전통적인 특징이 돋보이는데, 그에 맞춰 일본의 전통을 현대적으로 재해석하여 만든 건축물이죠.

아하! 쿠마… 켄고? 어떤 분이죠? 저는 건축은 잘 몰라서 처음 들어 보는데….

이것도 설명해 주시겠어요?[2]

오늘 아주 설명할 게 많네요. 한번 건물 안에 들어가서 이야기 나눠 볼까요?

오! 사바군!

두 분 다 여기서 마주치다니!

저 건물이 일본을 대표하는 건축가 쿠마 켄고 선생님의 아사쿠사 문화 관광 센터인 걸 알고 있나?

갑자기…?

멋짐

멋짐

알죠! 저는 쿠마 켄고 선생님의 엄청난 팬이에요!! 선생님이 지으신 건축물을 탐방하러 다니곤 했어요!

이게 아닌데…?

마구로센세는 쿠마 켄고 선생님의 또 어떤 건축물을 좋아하세요?

두근   두근

사실… 오늘 처음 알았지 뭐야…?

휘청

유리링에게 가르쳐 줌을 받았어.⁽³⁾

에헴!

그럼 다 같이 들어가서 한번 구경해 볼까요?

좋아요!

휴~ 그래도 덕분에 2km나 걸었네요. 조깅 성공! 오예!

삑

동일본 지역의 대표적인 건축물 중에서 일반인도 견학이 가능한 곳을 2강과 3강에 걸쳐서 총 10곳을 소개할게요.

1 시즈오카현 후지산 세계유산 센터 - 반 시게루

시즈오카현 후지산 세계유산 센터는 독특하고 혁신적인 건축 디자인으로 주목받는 시설이에요. 단순한 전시 공간을 넘어 후지산의 상징성과 문화적 가치를 건축물 자체로 표현하고 있어요.

1) 외관 디자인

가장 눈에 띄는 특징은 거꾸로 된 원뿔 형태의 외관인데요. 이는 후지산을 뒤집어 놓은 모습을 표현한 것이에요. 외벽은 시즈오카산 '후지히노키(노송)'로 만든 약 8,000개의 나무 격자로 둘러싸여 있어 자연과의 조화를 이루고 있어요.

2) 수반과 반사 효과

건물 앞에는 수반이 설치되어 있어, 거꾸로 된 원뿔 형태의 건물이 물에 반사 되면 마치 정상적인 후지산의 모습처럼 보이는 독특한 시각적 효과를 만들어내는데요. 이 수반에는 후지산의 용천수를 재활용하여 건물의 냉난방에도 이용되고 있어요.

3) 내부 구조

내부는 1층에서 5층까지 총 193미터의 나선형 슬로프로 연결되어 있는데요. 이 구조는 방문객들이 마치 후지산을 등반하는 듯한 체험을 할 수 있도록 설계되었다고 해요. 슬로프를 따라 올라가면서 다양한 전시물을 감상할 수 있어요.

4) 전망 설계

최상층(5층)에는 대형 창문이 설치되어 있어, 실제 후지산의 모습을 파노라마 뷰로 감상할 수 있어요. 이는 건물의 디자인 콘셉트와 실제 풍경을 연결하는 중요한 요소라고 볼 수 있어요.

5) 환경 친화적 설계

지역에서 생산된 목재를 사용하고, 용천수를 재활용하는 등의 방식으로 지속 가능성을 추구하고 있어요.

2 아사쿠사 문화 관광 센터 - 쿠마 켄고

아사쿠사 문화 관광 센터는 일본의 전통과 현대를 조화롭게 융합한 독특한 건축물이에요. 아사쿠사의 전통과 현대성을 동시에 표현하며, 기능적이면서도 미적으로 뛰어난 건축물을 만들어냈어요. 2012년 굿 디자인상을 수상하면서 혁신적인 디자인을 인정받기도 했어요.

1) 수직적 디자인

전통 목조 주택 7채를 수직으로 쌓아 올린 듯한 독특한 외관을 가지고 있는데요. 이는 좁은 부지를 최대한 활용하면서도 아사쿠사의 전통적인 거리 풍경과 조화를 이루도록 설계된 거라고 해요.

2) 지붕과 천장 디자인

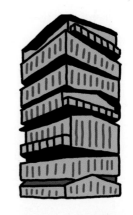

각 층마다 경사진 지붕과 천장을 적용하여 전통 일본 가옥의 느낌을 재현해서, 방문객들에게 편안함과 여유로움을 느끼게 해요.

3) 목제 루버(차광시스템) 사용

각 층에는 삼나무로 만든 불연재 수직 루버가 햇빛을 차단하는 기능을 하면서도 전통적인 목조 건축의 느낌을 잘 살리고 있어요.

4) 공간 활용

각 층의 지붕과 상층 바닥 사이 공간을 설비 공간으로 활용하고, 천장 높이를 최대화해서 제한된 공간을 효율적으로 사용하고 있어요.

5) 다목적 공간 구성

총 8층 건물로, 1층에는 다국어 안내 카운터, 2층에는 관광 정보 코너, 6층은 계단식 다목적 공간, 7층은 전시 공간, 8층은 무료 전망 테라스로 구성되어 있어요.

6) 현대적 요소

일부 층은 모던한 유리 박스 형태를 띠고 있어서 전통과 현대의 조화를 이루고 있어요.

7) 주변 환경과의 조화

건물의 높이를 38.9m로 조정하여 센소지와 주변 상가와의 조화를 고려했어요.

쿠마 켄고의 '약한 건축' 철학을 구현하며, 현대 건축에서 자연 소재의 활용 가능성을 보여주는 중요한 사례라고 보여지고 있어요.

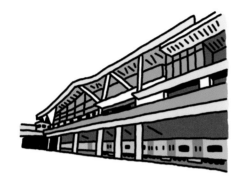 

1) 목강 하이브리드 소재 사용

이 역사는 나무와 철강을 결합한 '목강(木鋼) 하이브리드' 소재를 사용했는데요. 이는 쿠마 켄고의 자연 친화적 건축 철학을 반영하고 있어요.

2) 자연과의 조화

이 역사는 주변 환경과 자연 환경이 조화롭게 어우러지도록 설계되었어요.

3) 현대적 해석의 전통 건축

쿠마는 이 역사를 '21세기의 호류지'로 만들고자 했다고 해요. 전통적인 일본 목조 건축을 현대적으로 재해석한 것이라고도 볼 수 있어요.

4) 지속가능성

나무를 주재료로 사용함으로써, 건물의 개축과 유지보수가 용이하며 환경 친화적이에요.

4 오모테산도 힐즈 - 안도 타다오

안도 타다오가 설계한 주상복합 쇼핑몰로 주변 환경과의 조화, 역사적 요소의 보존, 그리고 혁신적인 공간 활용을 통해 현대 건축의 독특한 사례를 보여주고 있어요.

1) 스파이럴 슬로프

건물 본관 중앙에 약 3도의 나선형 경사로가 설치되었는데요. 이는 오모테산도의 언덕과 유사한 경사를 재현한 것이에요.

2) 높이 제한

건물의 전체 높이는 23.3m로, 외부 느티나무 가로수의 높이를 넘지 않도록 설계해서, 주변 경관과의 조화를 고려했어요.

3) 지하 공간 활용

높이 제한으로 인한 공간 부족을 해결하기 위해 지하 공간을 적극 활용했어요.

4) 역사적 요소 보존

기존 도준카이 아오야마 아파트의 일부를 도준관(DOJUN WING)으로 복원하여 갤러리로 활용하고 있어요.

5) 구조적 특징

건물은 삼각 구조를 이루고 있으며, 중앙이 비어 있어 개방감과 공간감이 느껴져요. 또한 외부에서는 아담한 크기로 보이지만, 내부는 넓고 탁 트여서 대조적인 느낌을 받을 수 있어요.

5 21_21 디자인 사이트 - 안도 타다오

도쿄 미드타운의 북쪽 공원 모서리에 위치한 독특한 건축물이에요. 컴팩트하면서도 과감한 공간 구성, 빛의 효과적인 활용, 그리고 주변 환경과의 조화를 통해 안도의 건축 철학을 잘 보여주는 작품이에요.

1) 외관 디자인

삼각형으로 접힌 두 개의 철재 지붕으로 인상적인 외형을 갖고 있어요.

2) 공간 구성

대부분의 전시공간을 지하에 배치했고, 지상을 통해 지하의 전시공간으로 이동하는 구조로 되어 있어요. 외부에서는 규모를 짐작하기 어렵지만, 지하로 이동하면서 안도 특유의 공간감을 느낄 수 있는 구조예요.

3) 재료 및 기술

노출콘크리트를 주요 재료로 사용하여 안도의 특징적인 "누드 건축" 스타일을 보여주는데, 역시나 정갈한 노출콘크리트 시공기술이 돋보여요.

4) 디자인 철학

"21_21"이라는 이름은 앞을 내다보는 디자인 발산의 장소라는 의미를 담고 있으며, 전통과 현대를 아우르는 통찰력이 공간에 펼쳐져 있어요.

 이번 강에서는 동작을 주고받는 표현에 대해서 알아볼 거예요.

 그렇다면 동사를 사용하겠네요.

 맞아요. 동사의 て형을 사용해서 응용할 거예요.

1 동사て형 + あげる

<ruby>私<rt>わたし</rt></ruby>が<ruby>案内<rt>あんない</rt></ruby>してあげる。

<ruby>私<rt>わたし</rt></ruby>が	<ruby>案内<rt>あんない</rt></ruby>してあげる
내가	안내해 줄게

 앞서 배운 동사의 あげる는 '주다'의 의미로 사용했죠. 이번에는 물건을 주고받는 것이 아니라, '동작을 해 주다'라는 의미로 사용하는 문장이에요.

 그렇다면 이번에도 동작을 받는 사람이 '나'가 될 수 없나요?

 네, 맞아요. 동작을 받는 사람이 '나' 또는 '나의 사람'의 범위에는 사용할 수 없어요.

 동작에 대해서는 동사의 て형을 사용하네요.

 맞아요. 동사의 て형은 3권의 1강에서 만드는 방법을 열심히 배우고 많이 사용했으니까 이제 익숙하죠?

 그럼요!

이번에는 좀 더 다양한 예문을 보여 줄게요.

1) 나는 동생에게 책을 빌려주었습니다.

私は弟に本を貸してあげました。

私は	弟に	本を	貸してあげました
나는	동생에게	책을	빌려주었습니다

2) 선배는 후배에게 공부 요령을 가르쳐주었습니다.

先輩は後輩に勉強のコツを教えてあげました。

先輩は	後輩に	勉強のコツを	教えてあげました
선배는	후배에게	공부 요령을	가르쳐주었습니다

3) 작가는 팬들에게 사인을 해주었습니다.

作家はファンにサインをしてあげました。

作家は	ファンに	サインを	してあげました
작가는	팬들에게	사인을	해주었습니다

4) 그에게 노트북을 빌려줍시다.

彼にノートパソコンを貸してあげましょう。

彼に	ノートパソコンを	貸してあげましょう
그에게	노트북을	빌려줍시다

5) 친구에게 한국요리를 만들어 주고 싶나요?

友だちに韓国料理を作ってあげたいですか。

友だちに	韓国料理を	作ってあげたいですか
친구에게	한국요리를	만들어 주고 싶나요?

2 동사て형 + くれる

これも説明してくれる？

これも	説明してくれる？
이것도	설명해 줄래?

 동사て형+くれる 문장을 배워 볼게요. 이 표현도 앞서 배운 것과 마찬가지로 '동작을 해 주다'라는 의미로 사용하는 문장인데, 동작을 받는 사람이 '나' 또는 '나의 사람'일 경우에만 사용할 수 있어요.

 받는 사람이 '나' 또는 내가 그 사람의 입장을 대변할 수 있는 관계에만 사용할 수 있다는 거네요. 1강에서 배운 것처럼 내가 나의 가족에게 행동해 줄 때는 사용할 수 없는 거죠?

맞아요. 그럴 때는 앞서 나온 예문 私は弟に本を貸してあげました와 같이 동사て형+あげる로 표현해야 해요.

 좀 더 다양한 예문으로 알려주세요!

1) 고모가 피아노를 가르쳐 주었습니다.

おばさんがピアノを教えてくれました。

おばさんが	ピアノを	教えてくれました
고모가	피아노를	가르쳐 주었습니다

 행동을 받는 사람이 문장에서 생략되어 있어도 くれる를 사용한 문장이기때문에 가르침을 받은 사람이 '나'라는 것을 알 수 있어요.

2) 선생님은 제 병을 고쳐 주었습니다.

先生は私の病気を治してくれました。

先生は	私の病気を	治してくれました
선생님은	제 병을	고쳐 주었습니다

3) 할머니는 전통 레시피를 가르쳐 주셨습니다.

祖母は 伝統的なレシピを教えてくれました。

祖母は	伝統的なレシピを	教えてくれました
할머니는	전통 레시피를	가르쳐 주셨습니다

4) 누가 설명해 주었나요?

<ruby>誰<rt>だれ</rt></ruby>が<ruby>説明<rt>せつめい</rt></ruby>してくれましたか？

<ruby>誰<rt>だれ</rt></ruby>が	<ruby>説明<rt>せつめい</rt></ruby>してくれましたか？
누가	설명해 주었나요?

5) 선배님, 저에게 영어를 가르쳐 주지 않겠어요?

<ruby>先輩<rt>せんぱい</rt></ruby>、<ruby>私<rt>わたし</rt></ruby>に<ruby>英語<rt>えいご</rt></ruby>を<ruby>教<rt>おし</rt></ruby>えてくれませんか？

<ruby>先輩<rt>せんぱい</rt></ruby>、	<ruby>私<rt>わたし</rt></ruby>に	<ruby>英語<rt>えいご</rt></ruby>を	<ruby>教<rt>おし</rt></ruby>えてくれませんか？
선배님,	저에게	영어를	가르쳐 주지 않겠어요?

3 동사て형 + もらう

<ruby>先輩<rt>せんぱい</rt></ruby>に<ruby>教<rt>おし</rt></ruby>えてもらった。

<ruby>先輩<rt>せんぱい</rt></ruby>に	<ruby>教<rt>おし</rt></ruby>えてもらった
선배에게	가르쳐 줌을 받았어 (가르쳐 줬어)

 もらう는 '받다'의 의미가 있는 건 알겠는데, 이건 해석이 좀 어색한데요.

 우리말로는 잘 사용하지 않는 표현이지만, 행동을 받는 사람의 입장에서 말하는 표현이에요. 일본어로 이 표현을 사용할 때는 그 행동을 받음으로써 '상대에게 신세를 졌다' 또는 '감사한 마음이 있다'는 의미를 내포할 수 있어요.

아, 행동을 받는 사람의 입장에서 말하는 거군요.

 해석이 좀 어색하게 느껴지겠지만, 많이 사용되는 표현이니 연습을 통해 꼭 익히도록 하세요.

 네, 자연스러운 해석을 할 수 있을 때까지는 좀 시간이 걸리겠지만, 열심히 해 볼게요.

 이번 예문에는 의역표현도 함께 알려줄게요.

1) 역무원에게 길을 가르쳐 줌을 받았어요(알려 줬어요).

駅員に道を教えてもらいました。

駅員に	道を	教えてもらいました
역무원에게	길을	가르쳐 줌을 받았어요

2) 지인으로부터 한국어를 가르침을 받았어요(가르쳐 줬어요).

知り合いから韓国語を教えてもらいました。

知り合いから	韓国語を	教えてもらいました
지인으로부터	한국어를	가르침을 받았어요

3) 어머니로부터 수제 케이크를 구워 줌을 받았어요(구워 주셨어요).

母^{はは}から手作^{てづく}りのケーキを焼^やいてもらいました。

母^{はは}から	手作^{てづく}りのケーキを	焼^やいてもらいました
어머니로부터	수제 케이크를	구워 줌을 받았어요

4) 누구로부터 주먹밥을 만들어 줌을 받았나요(만들어 줬나요)?

誰^{だれ}からおにぎりを作^{つく}ってもらいましたか？

誰^{だれ}から	おにぎりを	作^{つく}ってもらいましたか？
누구로부터	주먹밥을	만들어 줌을 받았나요?

5) 이 문법, 설명해줌을 받을 수 있나요(설명해 주실 수 있어요)?

この文法^{ぶんぽう}、 説明^{せつめい}してもらえますか？

この文法^{ぶんぽう}、	説明^{せつめい}してもらえますか？
이 문법	설명해줌을 받을 수 있나요?

문법정리!

- -

수여동사 (동작)

	의미	특이사항
동사 て형 + あげる	동작 해 주다	동작을 받는 사람이 '나' 이외의 경우에 사용함
동사 て형+くれる	동작 해 주다	동작을 받는 사람이 '나' 또는 '나의 사람'일 경우에 사용함
동사 て형+もらう	동작 해 줌을 받다	동작을 받는 사람의 입장에서 표현하는 것으로 그로 인해 '신세를 졌다' 또는 '감사'의 의미를 내포할 수 있음

다음 빈칸에 가장 적절한 단어를 골라 문장을 완성하시오.

1) 母は子供におもちゃを買って_____ 。
はは　こども　　　　　　　　　　　　　か

어머니는 아이에게 장난감을 사주었습니다.

① もらいました　② くれました　③ あげました

2) バリスタはコーヒーを入れて_____ 。
　　　　　　　　　　　　　い

바리스타는 (나에게) 커피를 내려주었습니다.

① もらいました　② くれました　③ あげました

3) この単語、教えて_____ ?
　　　たんご　おし

이 단어 알려줌을 받을 수 있나요?

① もらえますか　② くれますか　③ あげますか

4) 先輩は 新しい技を教えて＿＿＿＿＿＿＿。

선배는 (나에게) 새로운 기술을 가르쳐주었습니다.

① もらいました　② くれました　③ あげました

5) 薬剤師は患者に薬の説明をして＿＿＿＿＿＿＿。

약사는 환자에게 약에 대한 설명을 해주었습니다.

① もらいました　② くれました　③ あげました

6) 毎日母に弁当を作って＿＿＿＿＿＿＿。

매일 어머니에게 도시락을 만들어 줌을 받습니다.

① もらいます　② くれます　③ あげます

1) 母は子供におもちゃを買って＿＿＿＿＿＿。

어머니는 아이에게 장난감을 사주었습니다.

---

① もらいました　② くれました　③ あげました

母は子供におもちゃを買ってあげました。

---

2) バリスタはコーヒーを入れて＿＿＿＿＿＿。

바리스타는 (나에게) 커피를 내려주었습니다.

---

① もらいました　② くれました　③ あげました

バリスタはコーヒーを入れてくれました。

---

3) この単語、教えて＿＿＿＿＿＿？

이 단어 알려줌을 받을 수 있나요?

---

① もらえますか　② くれますか　③ あげますか

この単語、教えてもらえますか?

4) 先輩_{せんぱい}は 新_{あたら}しい技_{わざ}を教_{おし}えて＿＿＿＿＿＿＿＿ 。

선배는 (나에게) 새로운 기술을 가르쳐주었습니다.

① もらいました ② くれました ③ あげました

先輩_{せんぱい}は新_{あたら}しい技_{わざ}を教_{おし}えてくれました。

5) 薬剤師_{やくざいし}は患者_{かんじゃ}に薬_{くすり}の説明_{せつめい}をして＿＿＿＿＿＿＿＿ 。

약사는 환자에게 약에 대한 설명을 해주었습니다.

① もらいました ② くれました ③ あげました

薬剤師_{やくざいし}は患者_{かんじゃ}に薬_{くすり}の説明_{せつめい}をしてあげました。

6) 毎日母_{まいにちはは}に弁当_{べんとう}を作_{つく}って＿＿＿＿＿＿＿＿ 。

매일 어머니에게 도시락을 만들어 줌을 받습니다.

① もらいます ② くれます ③ あげます

毎日母_{まいにちはは}に弁当_{べんとう}を作_{つく}ってもらいます。

3강

동일본 지역의 대표적인 건축물 2

조건의 용법 1 (と, ば)

끄응….

열차에 사람이 많네….

일요일이라면 사람이 많습니다.[1]
곧 내릴 거니까 조금만 참아.

JR 高円寺駅
Koenji Station

여긴 어디야 근데?

여기는 코엔지!

재미난 골동품과
빈티지 가게들이 가득한 곳!

최근에 말이야. 혼마구로군이 여기서 빈티지 물건을 구입했는데….

뭔데?

오호!
그래서 얼마에 팔았대??

그게…
입어 보다가 원단이 낡아서 바로 찢어져 버렸대.;;;

그게 뭐야….

아무튼 나도 그런 희귀한 아이템을 찾으러…

도전!!!

커몬

커몬

오늘도 생고생할 것 같군….

Vintage & Antique

우와~ 이거 봐! 게 로봇이야!

이거 작동이 되는 건가요?

건전지만 넣으면 잘 작동해요. 안전하답니다.

안전하다면 안심하고 사용할 수 있습니다.[2]

그걸 대체 어디다 써….

앗! 이건 천체 망원경! 엄청나다!

밤이 되면 많은 별이 보입니다.[3]

좋았어! 이거다!

너네 집 창문에서는 앞집만 보이잖아.

그러네….

여기! 이것 좀 봐!!

그만….

10년도 더 된 일본어 공부 책이야!!

왠지 이걸로 공부하면 머리에 쏙쏙 들어올 것 같잖아!

스마트폰만 있다면 공부할 수 있다.[4]

그렇긴 해….

꼬로록~

자! 오늘은 이만하고 밥이나 먹으러 가자.

토닥
토닥

왜 이렇게 땀을 흘리는 거야?

열심히 물건을 찾았더니 몸살이 왔나 봐….

그냥 더워서 그래….

더우면, 에어컨을 켜 달라고 하자.[5]

아무튼 오늘은 실패했지만 다음엔 꼭 좋은 걸 찾고 말겠어!

또 가???

동일본 지역의 대표적인 건축물 중에서 일반인도 견학이 가능한 곳을 2강과 3강에 걸쳐서 총 10곳을 소개할게요.

6 오모테산도 켈링 빌딩 (구 토즈 빌딩) - 이토 토요오

이토 토요오의 대표작 중 하나로, 그의 실험정신과 혁신적인 접근을 잘 보여주는 작품이면서, 이 프로젝트를 통해 이토는 세계적인 명성을 얻게 되었어요.

1) 외관 디자인

빌딩의 가장 눈에 띄는 특징은 주변 가로수의 가지 모양을 모티프로 한 외벽 디자인인데요. 이는 건물을 주변 환경과 조화롭게 만들며, 도시 경관에 자연스럽게 녹아 들게 해요.

2) 구조적 혁신

건물 내부에는 기둥이 없으며, 각 층마다 모두 개방된 구조를 가지고 있어요. 이는 전통적인 상업 건물 구조에서 벗어난 혁신적인 접근이라고 할 수 있어요.

3) 빛의 활용

콘크리트 벽체를 과감히 뚫어 장식성을 더하고, 빛을 적극적으로 사용해 낭만적인 느낌을 극대화한 것은 이토의 특징적인 디자인 요소 중 하나예요.

4) 도시와의 연결성

건물은 마치 오모테산도 거리를 걷는 듯한 느낌을 주도록 설계되었어요. 이는 건물과 도시 공간의 경계를 모호하게 만들어 독특한 경험을 할 수 있게 해요.

5) 재료 사용

내부는 주로 콘크리트 마감으로 이루어져 있으며, 절제된 디자인을 통해 이토의 미니멀리즘적 접근을 보여주고 있어요.

7 긴자 미키모토 빌딩 - 이토 토요오

긴자의 랜드마크 중에 하나로, 건축적 혁신과 미학적 가치를 동시에 보여주는 훌륭한 예시예요. 낮에도 멋지지만 밤에 조명이 들어오면 보석상자 같은 화려함을 뽐내는 건물이에요.

히가시긴자역

1) 외관 디자인

마치 치즈 구멍처럼 보이는 이 창문들은 건물 전체에 무작위로 배치된 것처럼 보일 수 있는데요. 이 디자인은 "진주를 탄생시키는 조개의 거품, 춤추며 떨어지는 꽃잎, 보석상자를 들여다보는 설렘과 신비로움"을 표현한 것이라고 해요.

2) 구조적 특징

9층 건물로, 철골과 철근 콘크리트로 구성되어 있고, 파사드에 의해 건물이 지지되는 독특한 구조를 가지고 있어 내부 공간에 기둥이 없어요.

3) 내부 설계

전체적으로 화이트 배경에 천장 높이를 높게 하여 각 층의 개방감을 주고 있어요.

8 요요기 국립 경기장 - 단게 겐조

일본의 저명한 건축가 단게 겐조가 1964년 도쿄 올림픽을 위해 설계한 건축물로 걸작이라는 평가를 받고 있어요. 구조적 혁신, 미학적 아름다움, 그리고 기능성을 모두 갖춘 20세기 건축의 정수라고 여겨지고 있어요.

1) 유기적 곡면 지붕

서로 교차되는 지붕 인장재(구조를 유지하고 지지하는 데 사용되는 재료나 요소)와 누름 케이블이 유기적인 곡면 지붕을 형성해서 여러 각도에서 역동적인 외견을 감상할 수 있어요.

2) 디자인 특징

일본의 전통적 이미지와 현대적 구조기술을 독특하게 결합해서 전통과 현대의 조화를 이뤘어요.

3) 기능적 특징

현재 각종 스포츠 및 문화행사에 사용되고 있으며, 2021년 도쿄 올림픽에서도 활용되었어요.

4) 역사적 의의

2021년에 국가의 중요문화재로 지정되었어요.

9 신도쿄도청사 - 단게 겐조

1991년에 완공된 신도쿄도청사는 단게 겐조의 건축 철학과 기술적 혁신이 집약된 작품으로, 포스트모더니즘과 고딕 양식의 결합, 수직성과 수평성의 조화, 그리고 기능성과 상징성을 모두 갖춘 작품이에요. 또 무료로 개방하는 전망대가 있어서 날씨가 좋으면 후지산까지도 볼 수 있는 도쿄의 관광명소 중에 한 곳이에요.

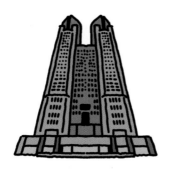

1) 외관 디자인

포스트모더니즘 건축의 특징을 보이면서도, 고딕 양식의 요소를 함께 보여주고 있어요. 대칭적인 형태를 띠는 두 개의 높은 타워(제1청사와 제2청사)는 고딕

성당의 첨탑을 연상시키며, 수직성을 강조했어요. 또, 건물 주변에는 광장과 공원을 조성해서 도시 환경과의 조화를 이루고자 했어요.

2) 내부 특징

넓은 로비와 복도, 효율적인 사무 공간으로 행정 기능에 최적화된 공간으로 설계되었어요. 또, 건물 내부에는 자연 채광을 극대화하기 위해 대형 창문과 아트리움을 활용했어요. 이는 건물의 에너지 효율성과도 연결되는데요. 자연 환기 시스템과 태양광 패널을 활용하여 에너지 소비를 최소화하기도 했어요. 또 45층에 위치한 전망대는 모든 방문객에게 무료로 개방되고 있으니 도쿄를 여행한다면 꼭 들러 보세요.

3) 기술적 혁신과 구조적 안정성

당시 최신 기술을 활용하여 설계되었어요. 지진에 강한 구조를 위해 고강도 철근 콘크리트와 철골 구조를 결합했고, 외벽은 내진 설계를 고려하여 유연성을 확보해서 설계되었어요.

🔟 도쿄 다이칸야마 힐사이드 테라스 - 마키 후미히코

일본의 건축가 마키 후미히코가 설계한 복합 건축 단지로, 1969년부터 약 30년에 걸쳐 단계적으로 완성되었어요. 일본 전통과 현대 건축의 조화를 보여주는 대표적인 작품으로, 마키의 철학과 실험적 접근을 엿볼 수 있는 중요한 작품이에요.

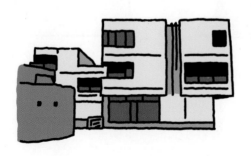

1) 단계적 개발과 공간 구성

힐사이드 테라스는 총 7단계에 걸쳐 완성되었으며, 각 단계마다 A-H동 등 다양한 건물이 추가되었고, 각 건물은 저층 구조(2-3층)로 설계되어 주변 환경과 조화를 이루고 있어요.

2) 일본 전통 공간 개념의 현대적 해석

일본 전통 공간 개념인 '奧(oku)'와 '間(ma)'를 현대적으로 재해석하여 깊이감 있는 공간과 연계성을 강조했어요.

3) 군조형(Group Form)

기하학적인 형태와 단순한 요소의 반복을 통해 복잡한 전체 구조를 형성하며, 부분과 전체가 상호 보완적 관계를 유지하고 있어요.

4) 재료와 외관의 진화

초기 건물(A-C동)은 콘크리트를 주재료로 사용하여 모더니즘적인 외관을 표현했다면, 후기 건물(F-H동)은 알루미늄과 스테인리스 같은 경량 재료를 사용해 현대적이고 가벼운 느낌을 더했어요.

 우리말로는 '하면' 또는 '라면'이라고 해석되는 조건의 용법이 일본어에는 무려 4가지로 구분해서 사용해요.

 4가지라고요? 그럼 전 조건에 대해서는 말하지도 듣지도 않고 살아 갈게요. 먼저 가보겠습니다.

 아니, 그러지 말고 일단 다양한 예문을 알려줄 테니 들어만 봐요.

 에효….

1 조건의 용법 と

 3강에서는 4가지 중에 2가지를 알려 줄게요. 먼저 と를 사용한 조건의 용법이에요. 품사별로 만드는 방법은 다음과 같아요.

접속방법

명사だ+と	台風だと (たいふう)	태풍이면
형용사 기본형+と	安全だと (あんぜん)	안전하면
	安いと (やす)	싸면
동사 기본형+と	夜になると (よる)	밤이 되면

 만드는 방법은 어렵지 않네요. 반말 문장에 と를 붙인다고 생각하면 되겠네요.

 맞아요. と를 사용한 조건의 용법은 반드시 일어나는 상황에 사용할

수 있어요. 자연현상이나 수학 공식 등이 이에 해당해요. 또한 의지, 권유, 희망, 명령 문장에 사용할 수 없고, 과거시제의 문장에서는 발견의 의미로 사용해서 '했더니'로 해석해요.

 자연현상, 수학 공식에 사용하고, 과거시제는 문장에서는 '했더니'로 해석하는군요. 그렇다면 의지, 권유, 희망, 명령에는 뭘 사용해요?

 그건 곧 알려 줄게요. 우선은 と를 사용한 조건의 대표적인 문장 몇 개를 함께 볼게요.

1 만약~하면
<ruby>無<rt>む</rt></ruby><ruby>理<rt>り</rt></ruby>に<ruby>働<rt>はたら</rt></ruby>くと、<ruby>病<rt>びょう</rt></ruby><ruby>気<rt>き</rt></ruby>になりますよ。

(만약) 무리해서 일하면 병이 날 거예요.

2 항상, 반드시
<ruby>夏<rt>なつ</rt></ruby>は<ruby>朝<rt>あさ</rt></ruby>6<ruby>時<rt>じ</rt></ruby>になると、<ruby>明<rt>あか</rt></ruby>るくなる。

(항상) 여름은 아침 6시가 되면, 밝아져요.

3 직후에
メールを<ruby>送<rt>おく</rt></ruby>ると、すぐ<ruby>返<rt>へん</rt></ruby><ruby>事<rt>じ</rt></ruby>がきた。　메일을 보냈더니 바로 답장이 왔다.

2 명사 문장

<ruby>日<rt>にち</rt></ruby><ruby>曜<rt>よう</rt></ruby><ruby>日<rt>び</rt></ruby>だと、<ruby>人<rt>ひと</rt></ruby>が<ruby>多<rt>おお</rt></ruby>いです。

<ruby>日<rt>にち</rt></ruby><ruby>曜<rt>よう</rt></ruby><ruby>日<rt>び</rt></ruby>だと	<ruby>人<rt>ひと</rt></ruby>が	<ruby>多<rt>おお</rt></ruby>いです
일요일이라면	사람이	많습니다

 명사에는 보통형에 と를 붙여서 명사だ+と 라고 할 수 있어요.

1) 설날이라면 첫 참배를 가는 사람이 많습니다.

お正月だと、初詣に行く人が多いです。

お正月だと	初詣に行く	人が	多いです
설날이라면	첫 참배를 가는	사람이	많습니다

2) 한여름이라면 아이스크림 매출이 늘어납니다.

真夏日だと、アイスクリームの売り上げが伸びます。

真夏日だと	アイスクリームの売り上げが	伸びます
한여름이라면	아이스크림 매출이	늘어납니다

3) 태풍이라면 비행기가 결항되는 경우가 있습니다.

台風だと、飛行機が欠航になることがあります。

台風だと	飛行機が	欠航になることが	あります
태풍이라면	비행기가	결항되는 경우가	있습니다

3 형용사 문장

安全だと、安心して使えます。

安全だと	安心して	使えます
안전하다면	안심하고	사용할 수 있습니다

형용사에는 기본형에 と를 붙여서 형용사 기본형+と라고 할 수 있어요. 나형용사와 이형용사 예문을 좀 더 알아볼게요.

1) 조용하다면 집중하기 쉽습니다.

静かだと、集中しやすいです。

静かだと	集中しやすいです
조용하다면	집중하기 쉽습니다.

 마지막 부분의 しやすいです는 2권 7강에서 배운 용법이네요.

 맞아요. 동사의 ます형에 やすい를 붙여서 '동작하기 용이하다'는 의미로 사용할 수 있죠.

2) 싸다면 곧바로 매진됩니다.

安いと、すぐに売り切れます。

安いと	すぐに	売り切れます
싸다면	곧바로	매진됩니다

3) 무서우면 몸이 떨립니다.

怖いと、体が震えます。

怖いと	体が	震えます
무서우면	몸이	떨립니다

夜になると、たくさんの星が見えます。

よる 夜になると	ほし み たくさんの星が	み 見えます
밤이 되면	많은 별이	보입니다

동사에는 기본형에 と를 붙여서 동사 기본형+と 라고 할 수 있어요.
단, 과거시제의 문장에서는 발견의 용법으로 '했더니'라고 해석되니
주의하세요.

동사일 때는 문장의 시제도 살펴봐야 하는군요!

1) 이 길을 쭉 가면 호텔에 도착합니다.

この道をまっすぐ行くと、ホテルに着きます。

みち この道を	い まっすぐ行くと	ホテルに	つ 着きます
이 길을	쭉 가면	호텔에	도착합니다

2) 밖을 보니 비가 내리고 있었습니다. (발견)

外を見ると、雨が降っていました。

そと み 外を見ると	あめ 雨が	ふ 降っていました
밖을 보니	비가	내리고 있었습니다

3) 한밤중에 일어나니 눈이 쌓여 있었습니다. (발견)

夜中に起きると、雪が積もっていました。

夜中に	起きると	雪が	積もっていました
한밤중에	일어나니	눈이	쌓여 있었습니다

5 조건의 용법 ば

 다음은 조건의 용법으로 사용하는 ば를 보여 줄게요. 이 ば를 사용한 조건의 용법은 이형용사와 동사만 살펴보면 되니, 조금 더 가벼운 마음으로 시작해봐요.

 네….

 먼저 접속방법이에요.

접속방법

이형용사 어간+ければ	高ければ	비싸다면
동사 어미를 え단으로 바꾸고+ば	食べれば	먹으면

 이형용사는 마지막 글자 い를 ければ로 바꾸면 되는 거네요. 그리고 동사는 그룹과 상관없이 모두 마지막 글자를 え단으로 바꾸고 ば를 붙이면 되는 건가요?

맞아요. 알고 있는 다양한 이형용사와 동사에 넣어서 연습해 보면 도움이 될 거예요.

 그럼 이 ば를 사용한 조건의 표현은 언제 사용하나요?

 자연현상이나 불변의 진리 또는 반복되는 일이나 습관에 사용할 수 있는데요. 그리고 형용사/존재동사/가능동사의 경우는 의지 권유 희망 명령 문장에 사용할 수 있어요.

 '형용사', '있다/없다' 그리고 '동작할 수 있다'의 경우에는 좀 더 사용할 수 있는 경우가 많아지네요. 앞서 배운 と를 사용한 조건의 표현보다 사용 범위가 넓어진다고 할 수 있겠네요.

 맞아요! 대표적으로 사용되는 경우의 예문을 보여 줄게요.

1 만약~하면

彼と結婚すれば、幸せになれると思います。

(만약) 그와 결혼한다면 행복해질 거라고 생각해요.

2 항상, 반드시

たくさん食べれば太るのは当たり前でしょう。

많이 먹으면 살이 찌는 것은 당연하죠.

3 습관

父は私の顔を見れば、「勉強しろ」と言う。

아버지는 내 얼굴을 보면 '공부하거라'라고 말한다.

6 형용사 문장

暑ければ、エアコンをつけます。

暑ければ	エアコンを	つけます
더우면	에어컨을	켭니다

 이형용사의 어미인 い를 지우고 ければ를 붙여서 이형용사 어간+ければ라고 할 수 있어요.

1) 비싸다면, 사고 싶지 않아요. (의지, 희망)

高ければ、買いたくありません。

高ければ	買いたくありません
비싸다면	사고 싶지 않아요

2) 즐겁다면, 또 가고 싶어요. (의지, 희망)

楽しければ、また行きたいです。

楽しければ	また	行きたいです
즐겁다면	또	가고 싶어요

3) 졸리면, 일찍 자세요. (권유, 명령)

眠ければ、早く寝てください。

眠ければ	早く	寝てください
졸리면	일찍	자세요

7 동사 문장

スマホさえあれば、勉強できる。

スマホさえ	あれば	勉強できる
스마트폰만	있다면	공부할 수 있다

 동사의 어미를 え단으로 바꾸고 ば를 붙여서 동사 어미え단+ば라고 할 수 있어요.

1) 돈이 없다면 아무것도 살 수 없습니다.

お金がなければ、何も買えません。

お金がなければ	何も	買えません
돈이 없다면	아무것도	살 수 없습니다

2) 돈이 있다면 차를 사고 싶어요. (의지, 희망)

お金があれば、車を買いたいです。

お金があれば	車を	買いたいです
돈이 있다면	차를	사고 싶어요

3) 가능하다면 아무것도 먹지 마세요. (권유, 명령)

できれば、何も食べないでください。

できれば	何も	食べないでください
가능하다면	아무것도	먹지 마세요

4) 어떻게 하면 될까요? (조언)

どうすればいいですか?

どうすれば	いいですか?
어떻게 하면	될까요?

 いいですかと 함께 사용하면 조언의 용법으로도 사용할 수 있어요.

문법정리

----

1. 조건의 용법 と

특징	활용	예시
1) 반드시 일어나는 상황 2) 의지, 권유, 희망, 명령 문장에 사용할 수 없음 3) 과거시제의 문장에서는 발견의 의미 '했더니'로 해석	명사だ+と	台風(たいふう)だと 태풍이면
	형용사 기본형+と	安全(あんぜん)だと 안전하면
		安(やす)いと 싸면
	동사 기본형+と	夜(よる)になると 밤이 되면

2. 조건의 용법 ば

특징	활용	예시
1) 자연현상이나 불변의 진리 또는 반복되는 일이나 습관에 사용 2) 형용사/존재동사 /가능동사의 경우는 의지 권유 희망 명령 문장에 사용할 수 있음 3) いいですか와 함께 사용하면 조언의 용법으로 사용할 수 있음	이형용사 어간 +ければ	高(たか)ければ 비싸다면
	동사 어미를 え단으로 바꾸고+ば	食(た)べれば 먹으면

연습하기

다음 빈칸에 가장 적절한 단어를 골라 문장을 완성하시오.

1) _____と、花見^{はなみ}ができます。

봄이면 꽃구경을 할 수 있습니다.

① 春^{はる}ば   ② 春^{はる}だ   ③ 春^{はる}

2) 砂糖^{さとう}を_____、甘^{あま}くなります。

설탕을 넣으면 달아집니다.

① 入^いれると   ② 入^いれるば   ③ 入^いれましたと

3) _____、みんなが理解^{りかい}できます。

간단하면 모두가 이해할 수 있습니다.

① 簡単^{かんたん}と   ② 簡単^{かんたん}だば   ③ 簡単^{かんたん}だと

4) 勉強 _____ 、成績が上がります。

공부하면 성적이 오릅니다.

① すれば　② すれと　③ すば

5) _____ 、後で電話します。

바쁘다면, 나중에 전화하겠습니다.

① 忙しば　② 忙しければ　③ 忙しと

6) _____ 間に合います。

뛰면 제시간에 도착할 수 있습니다.

① 走れば　② 走れと　③ 走る

1) _____と、花見ができます。

봄이면 꽃구경을 할 수 있습니다.

① 春ば　② 春だ　③ 春
春だと、花見ができます。

2) 砂糖を_____、甘くなります。

설탕을 넣으면 달아집니다.

① 入れると　② 入れるば　③ 入れましたと
砂糖を入れると、甘くなります。

3) _____、みんなが理解できます。

간단하면 모두가 이해할 수 있습니다.

① 簡単と　② 簡単だば　③ 簡単だと
簡単だと、みんなが理解できます。

4) 勉強 _____ 、成績が上がります。

공부하면 성적이 오릅니다.

① すれば　② すれと　③ すば

勉強すれば、成績が上がります

5) _____ 、後で電話します。

바쁘다면, 나중에 전화하겠습니다.

① 忙しば　② 忙しければ　③ 忙しと

忙しければ、後で電話します。

6) _____ 間に合います。

뛰면 제시간에 도착할 수 있습니다.

① 走れば　② 走れと　③ 走る

走れば間に合います。

4강

서일본 지역의
대표적인 건축물
1

조건의 용법 2
(たら, なら)

어디 보자….

하나씩 남은
고등어구이 도시락이냐…
고등어조림 도시락이냐…

둘 다 고등어지만,
구이와 조림은 또 큰 차이란 말이지….

여보세요.

마구로센세!
오늘 약속 잊지 않았죠?

그럼요!
가… 아니라 오늘 무슨 약속이었죠?

오늘 사바군과 혼마구로와 같이
저녁 먹기로 했잖아요!

어쩌죠… 죄송해요. 제가 날짜를 착각해서…
지금 고베로 출장을 왔다 돌아가는 길이라….

어쩔 수 없죠. 친구들에게는
잘 말해 놓을게요.
일이 끝나면 술 마시러 갑시다.[1]

저도 빨리 돌아올 수 있도록 노력해 볼게요.

휴….

잠깐…!

전화하는 사이에 누가 고등어구이와 조림 도시락을 둘다 가져가 버렸잖아~~!!

안 돼!!!

마구로센세는 오늘 고베로 출장을 가서 좀 늦을 것 같다네요.

우와 고베~

고베라…

작년에 저도 고베 옆에 있는 아와지시에 다녀왔어요.

'젠보 세이네이'호텔에서 묵었는데 정말 좋았어요.

반 시게루 선생님이 건축하신!!

맞아요.

부자라면, 그런 건축물들을 찾아다니면서 세계 일주 여행을 하고 싶습니다.[2]

마구로센세를 기다리면서 뭘 하면 좋을까요?

날씨가 맑다면 소풍을 갑시다.⁽³⁾

왜요?

끄응…

마구로센세인데 대답은 없고 끙끙대는 소리만 들려요.

잘못 눌렀나…? 바쁘면 나중에 전화해 주세요.⁽⁴⁾

기다린다면 카페에서 기다립시다.⁽⁵⁾

COFFEE

여러분~! 선물 사 왔어요!

무겁다면 도와드릴까요?⁽⁶⁾

뭔데요?

짠~! 고베 푸딩!

식사하기 전에
에피타이저로 딱이네요!

서일본 지역의 대표적인 건축물 중에서 일반인도 견학이 가능한 곳을 4강과 5강에 걸쳐서 총 10곳을 소개할게요.

1 시모세 아트 가든 빌라 - 반 시게루

예술, 건축, 자연이 조화롭게 어우러진 혁신적인 공간으로, 2024년 유네스코에 의해 세계에서 가장 아름다운 미술관으로 선정되었어요.

히로시마시

1) 물 위에 떠 있는 구조

일본 최초로 물 위에 떠 있는 미술관으로 8개의 전시관 건물이 수반 위에 지어졌어요.

2) 독특한 디자인

각 건물의 외관은 서로 다른 색상으로 구성해서 컬러풀한 큐빅 형태의 건물들이 섬처럼 보이는 효과를 내면서 건물들은 다리로 연결되어 있어 걸어서 이동이 가능해요.

3) 유연한 공간 구성

전시 목적에 따라 전시실의 위치를 자유롭게 변경할 수 있어요.

4) 자연과의 조화

세토내해와 미야지마를 조망할 수 있는 위치로 에밀 갈레에게서 영감을 받은 정원 설계도 돋보여요.

5) 야간 조명 효과

밤에는 8개의 전시실에 조명이 들어와 물 위에 아름다운 선물 상자가 떠 있는 분위기를 연출해요.

6) 숙박 시설 보유

미술관 내에 10개의 독립적인 빌라 형태의 객실을 구성했고 일부 객실은 반 시게루의 과거 프로젝트를 재현했어요.

2 젠보 세이네이 - 반 시게루

자연과 건축의 조화, 그리고 명상과 휴식을 위한 공간으로서의 기능을 완벽하게 구현하고 있어요.

1) 자연과의 조화

건물의 85%가 목재로 구성되어 자연과의 조화를 추구하고, 100m 길이의 긴 캐노피가 특징인데, 이는 무한한 확장감을 느낄 수 있게 해줘요.

2) 내부 설계

은은한 삼나무 향기가 실내를 채워주는데요. 이는 가공된 단단한 삼나무 기둥이 사용되었기 때문이에요. 또한 복도 측면 벽면은 나무 격자와 유리로 되어 있어 숲을 내부로 들이는 효과를 내고 있어요.

3) 공간 구성

'숙방(宿坊)'이라 불리는 작은 다다미 방이 있고, 2층에는 '젠 웰니스(Zen Wellness)' 체험 공간이 있으며, 자연의 파노라마 조망을 즐길 수 있는 공간과 전면에는 개방된 우드 덱이 있어 숲과 눈높이를 맞출 수 있어요.

4) 재료 사용

모든 가구가 천연 나무 소재로 만들어졌고, 플라스틱 콘센트와 철제 스탠드까지도 나무 시트로 덮여 있어요.

5) 환경 고려

360도로 펼쳐지는 아와지시마의 사계절 경치를 즐길 수 있도록 설계되어서 찬란한 햇살, 맑은 공기, 웅장한 녹음을 최대한 누릴 수 있어요.

3 농가 레스토랑 하루산산 - 반 시게루

반 시게루가 설계한 아와지시마의 농가 레스토랑 하루산산은 자연과 조화를 이루는 친환경적 건축의 대표적 사례로, 자연을 닮은 부드럽고 유기적인 조형,

자연과 건물의 경계를 허무는 편안한 공간 창출이라는 그의 일관된 스타일을 반영하고 있어요.

1) 맥락을 중시한 디자인

반은 "맥락이 가장 중요하다"고 강조하며, 주변 자연 환경과 조화를 이루는 디자인을 추구했어요.

2) 목조 구조

건물의 기본 구조는 목재를 사용하여 자연스러운 분위기를 연출하고 있어요.

3) 친환경 소재 활용

지붕은 전통적인 초가 지붕 스타일로 짚을 소재로 사용했고, 실내는 종이 파이프를 활용한 독특한 설계로 반의 친환경적 접근을 보여주고 있어요.

4) 자연과의 연결

건물과 주변 자연 풍경이 자연스럽게 어우러지도록 설계되었어요.

4 호텔 로얄 클래식 오사카 - 쿠마 켄고

전통과 현대, 예술과 기능성을 절묘하게 조화시킨 독특한 건축물이에요.

1) 역사적 요소와 현대적 디자인의 조화

본래 있던 신카부키자 극장의 '당파풍(곡선형으로 된 지붕장식)' 박공 지붕을 모방한 아래쪽 파사드를 보존하고, 이 전통적인 요소 위에 현대적이고 역동적인 알루미늄 지느러미 모티프를 추가하여 상층부를 디자인했어요.

2) 예술과 건축의 융합

호텔 내부에는 100점이 넘는 현대 미술 작품이 공공 공간과 객실 전반에 걸쳐 전시되어 있어, 건물 자체가 하나의 박물관이에요.

3) 지역성과 현대성의 결합

오사카 신카부키자 극장의 유산을 기리면서도, 동시에 비즈니스 호텔이나 스위트 호텔의 규범을 초월하는 독창적인 서비스를 제공하는 공간으로 설계되었어요.

4) 랜드마크적 요소

오사카 난바 지구의 전통을 확장하는 새로운 지역 랜드마크로서 자리잡았어요.

5 아와지 유메부타이 - 안도 타다오

아와지 유메부타이는 자연과 건축의 조화를 극대화한 복합 문화 리조트 시설로, 자연의 위대함과 아름다움을 건축을 통해 직접적으로 표현하고 있어요. 안도의 건축 철학인 자연과 건축의 조화, 그리고 기하학적 형태와 빛의 활용을 잘 보여주는 대표작이라고 할 수 있어요.

고베시

1) 자연과의 공존

안도는 '사람과 자연의 공생'을 콘셉트로 아와지 유메부타이를 설계했어요. 이 시설은 산의 경사면을 활용하여 자연 환경과 완벽하게 어우러지도록 만들어졌어요.

2) 기하학적 요소

유메부타이 전체에는 안도 타다오의 특징적인 기하학적 요소가 두드러지는데요. 원형과 타원형 포럼, 바다 회랑과 산 회랑을 통해 각각 열린 공간과 덮인 공간을 연출했어요.

3) 빛과 그림자의 활용

빛과 그림자를 효과적으로 활용하여 공간의 깊이와 분위기를 조절했어요. 특히 하늘 정원에서는 벽과 기둥 사이로 보이는 콘크리트 벽과 하늘의 그림자로 신비로운 아름다움을 느낄 수 있어요.

4) 조경 요소

100개의 화단이 산의 경사면을 따라 계단식으로 배치되어 있으며, 오사카만의 전망을 감상할 수 있고, 아와지시마 앞바다에서 캐낸 조개 껍데기로 바닥을 마감하여 지역성을 반영했어요.

5) 재료 활용

안도의 트레이드마크인 노출 콘크리트를 주로 사용하여 단순하면서도 우아한 건축미를 표현했어요.

 3강에 이어서 나머지 2가지의 조건의 용법에 대해서 알아볼게요. 먼저 たら를 사용한 조건의 용법이에요.

 たら라면 이전에 본 적이 있는 것 같은데요….

1 조건의 용법 たら

 품사별로 만드는 방법은 다음과 같아요.

접속방법

명사+だったら	休日だったら	휴일이라면
나형용사 어간+だったら	危険だったら	위험하면
이형용사 어간+かったら	忙しかったら	바쁘면
동사 た형+ら	宿題が終わったら	숙제가 끝나면

 아 모든 품사의 た형에 ら를 붙이면 되는 거네요.

 맞아요. たら를 사용한 조건의 용법은 가장 널리 사용되는 조건의 용법이에요. 다만 자연현상이나 수학 공식 등에는 사용하지 않아요. 과거시제의 문장에서는 발견의 의미로 사용해서 '했더니/했다면'으로 해석해요.

 자연현상, 수학 공식에 사용하지 않고, 그 밖에는 가장 널리 사용된다는 거죠. 그리고 과거시제는 문장에서는 '했더니/했다면'로 해석하는군요. 그렇다면 의지, 권유, 희망, 명령에도 사용할 수 있나요?

 네, 사용할 수 있어요. 대표적인 용법에 대한 예문을 먼저 보여 줄게요.

① 만약~하면

お金があったら、働かないで遊んでいたいよ。

(만약) 돈이 있다면 일하지 않고 놀고 싶어.

② ~한 뒤

20歳になったら、お酒を飲んでもいいですよ。

스무 살이 되면 술을 마셔도 돼요.

③ 허구

私が鳥だったら、君に飛んでいくだろう。

내가 새라면 너에게 날아갈 텐데.

④ 충고

薬を飲んだらどうですか?。 약을 먹는 게 어떻겠어요?

 네 번째 예문은 이전에 본 적이 있는 문장인데요.

 동사의 たら 문장은 3권의 8강에서 이미 배운 적이 있어요.

 그렇다면 동사의 たら는 조금 더 쉽게 배워 볼 수 있겠네요!

<ruby>お金持<rt>かね も</rt></ruby>ちだったら、<ruby>世界一周旅行<rt>せ か いいっしゅうりょこう</rt></ruby>をしたいです。

<ruby>お金持<rt>かね も</rt></ruby>ちだったら	<ruby>世界一周旅行<rt>せ か いいっしゅうりょこう</rt></ruby>を	したいです
부자라면	세계 일주 여행을	하고 싶습니다

 명사 た형에 ら를 붙여서 명사+だったら라고 할 수 있어요.

1) 휴일이라면, 영화를 보러 갑니다.

<ruby>休日<rt>きゅうじつ</rt></ruby>だったら、<ruby>映画<rt>えい が</rt></ruby>を<ruby>見<rt>み</rt></ruby>に<ruby>行<rt>い</rt></ruby>きます。

<ruby>休日<rt>きゅうじつ</rt></ruby>だったら	<ruby>映画<rt>えい が</rt></ruby>を	<ruby>見<rt>み</rt></ruby>に<ruby>行<rt>い</rt></ruby>きます
휴일이라면	영화를	보러 갑니다

2) 어른이라면, 책임을 져야 합니다.

<ruby>大人<rt>お と な</rt></ruby>だったら、<ruby>責任<rt>せきにん</rt></ruby>を<ruby>持<rt>も</rt></ruby>つべきです。

<ruby>大人<rt>お と な</rt></ruby>だったら	<ruby>責任<rt>せきにん</rt></ruby>を	<ruby>持<rt>も</rt></ruby>つべきです
어른이라면	책임을	져야 합니다

 べき는 동사의 기본형에 결합해서 '(응당)그렇게 해야 할'이라는 의미로 사용할 수 있어요.

3) 저였다면, 그런 일은 하지 않았습니다.

<ruby>私<rt>わたし</rt></ruby>だったら、そんなことはしませんでした。

<ruby>私<rt>わたし</rt></ruby>だったら	そんなことは	しませんでした
저였다면	그런 일은	하지 않았습니다

 과거시제 문장이니까 '였다면'으로 해석하는 거네요.

3 형용사 문장

<ruby>忙<rt>いそが</rt></ruby>しかったら、<ruby>後<rt>あと</rt></ruby>で<ruby>電話<rt>でんわ</rt></ruby>してください。

<ruby>忙<rt>いそが</rt></ruby>しかったら	<ruby>後<rt>あと</rt></ruby>で	<ruby>電話<rt>でんわ</rt></ruby>してください
바쁘면	나중에	전화해 주세요

 형용사 た형에 ら를 붙여서 な형용사 어간+だったら, い형용사 어간+かったら라고 할 수 있어요.

1) 싸면 두 개 살게요.

<ruby>安<rt>やす</rt></ruby>かったら、<ruby>二<rt>ふた</rt></ruby>つ<ruby>買<rt>か</rt></ruby>います。

<ruby>安<rt>やす</rt></ruby>かったら	<ruby>二<rt>ふた</rt></ruby>つ<ruby>買<rt>か</rt></ruby>います
싸면	두 개 살게요

2) 위험하면 그만두는 게 좋습니다.

きけん ほう
危険だったら、やめた方がいいです。

きけん 危険だったら	ほう やめた方が	いいです
위험하면	그만두는 게	좋습니다

 동사 た형+方의 충고의 용법은 3권 8강에서 배운 내용이니 혹시 생각

이 안 난다면 꼭 복습하세요!

 역시 복습은 중요하네요.

3) 건강했다면, 마라톤에 참가하고 싶었습니다.

けんこう さんか
健康だったら、マラソンに参加したかったです。

けんこう 健康だったら	マラソンに	さんか 参加したかったです
건강했다면	마라톤에	참가하고 싶었습니다

 과거시제 문장의 해석은 항상 주의하세요!

4 동사 문장

しごと お の い
仕事が終わったら、飲みに行きましょう。

しごと 仕事が	お 終わったら	の い 飲みに行きましょう
일이	끝나면	술 마시러 갑시다

동사 た형에 ら를 붙여서 동사 た형+ら 라고 할 수 있어요.

이건 3권 8강에서 이미 배운 적이 있어서 어렵지 않아요!

1) 숙제가 끝나면 TV를 봅니다.

しゅくだい お み
宿題が終わったら、テレビを見ます。

しゅくだい 宿題が	お 終わったら	テレビを	み 見ます
숙제가	끝나면	TV를	봅니다

2) 눈을 떴더니 이미 정오였다. (발견)

め さ ひる
目が覚めたら、もう昼だった。

め さ 目が覚めたら	もう	ひる 昼だった
눈을 떴더니	이미	정오였다

3) 레스토랑에 갔더니 휴점이었다. (발견)

レストランに行ったら、休みだった。

レストランに	行ったら	休みだった
레스토랑에	갔더니	휴점이었다

5 조건의 용법 なら

 마지막으로 조건의 용법으로 사용하는 なら를 보여 줄게요. 먼저 접속방법이에요.

접속방법

명사+なら	夏なら	여름이라면
나형용사 어간+なら	健康なら	건강하다면
이형용사 기본형+なら	重いなら	무겁다면
동사 기본형+なら	出かけるなら	외출한다면

 なら를 붙이는 방법은 간단하네요.

 なら를 사용한 조건의 용법은 주관적인 판단에 따른 의지 권유 희망 명령 문장에 사용할 수 있어요. 또 주제나 토픽을 나타낼 때 조사 は 와 같은 의미로도 사용해요. 조건의 たら와 なら는 시간의 순서가 반대로 나타나요.

 시간의 순서가 반대라고요? 무슨 말이죠?

 예문으로 설명해 줄게요. 다음 두 예문은 비슷한 상황을 말하고 있지만, 동작에 대한 순서가 다르게 나타나고 있죠.

1) お酒を飲んだら、運転しないでください。

술을 마신다면 운전을 하지 마세요.

2) 運転するなら、お酒を飲まないでください。

운전을 한다면 술을 마시지 마세요.

 그렇네요. 우리말 해석만 봐도 동작에 대한 시간 순서가 반대로 나타 난다는 걸 알 수 있네요.

 대표적인 용법에 대한 예문을 좀 더 보여 줄게요.

① 만약~하면

もし私がお金持ちなら、世界旅行がしたいです。

만약 내가 부자라면 세계여행을 하고 싶어요.

② 충고

外国に行くなら、ローミングした方がいい。

외국에 간다면 로밍하는 편이 좋아.

③ 화제

日本酒なら、正宗です。　니혼슈라면 마사무네지요.

 마지막 문장은 쓰임이 조금 다른 것 같은데요.

 맞아요. 세 번째 문장은 토픽이나 주제에 대한 용법으로 일본어 조사 は와 같은 쓰임이에요.

 대화의 주제를 강조하는 용법으로 사용하는 것이네요.

6 명사 문장

てんき は　　　　　　　　　　　　い
天気が晴れなら、ピクニックに行きましょう。

てんき は 天気が晴れなら	ピクニックに	い 行きましょう
날씨가 맑다면	소풍을	갑시다

 명사 晴れ는 '맑음'이라는 의미로 사용할 수 있어요. 이때 天気를 생략해도 의미전달에는 문제없어요.

1) 여름이라면 해수욕을 하러 가고 싶습니다.

なつ　　　　かいすいよく　　　　い
夏なら、海水浴に行きたいです。

なつ 夏なら	かいすいよく 海水浴に	い 行きたいです
여름이라면	해수욕을 하러	가고 싶습니다

 に行く를 사용해서 '동작을 하러 가다'로 표현할 수 있어요.

2) 어린이라면 무료로 입장할 수 있습니다.

こども　　　　　むりょう　　にゅうじょう
子供なら、無料で入場できます。

こども 子供なら	むりょう 無料で	にゅうじょう 入場できます
어린이라면	무료로	입장할 수 있습니다

3) 일본 음식이라면 초밥이죠. (화제, 토픽)

日本料理なら、すしでしょう。
（にほんりょうり）

日本料理なら（にほんりょうり）	すしでしょう
일본 음식이라면	초밥이죠

7 형용사 문장

重いなら、手伝いましょうか?。
（おも）　　　（てつだ）

重いなら（おも）	手伝いましょうか?（てつだ）
무겁다면	도와드릴까요?

형용사는 각각 만드는 방법이 달라요. 나형용사 어간+なら, 이형용사 기본형+なら라고 할 수 있어요. 나형용사의 어미를 지우고 なら를 붙인다는 것 잊지 마세요.

1) 바쁘지 않다면 도와주시겠습니까?

忙しくないなら、手伝ってくれませんか?
（いそが）　　　　　（てつだ）

忙しくないなら（いそが）	手伝ってくれませんか?（てつだ）
바쁘지 않다면	도와주시겠습니까?

2) 건강하다면, 장수할 수 있습니다.

けんこう なが い
健康なら、長生きできます。

けんこう 健康なら	なが い 長生きできます
건강하다면	장수할 수 있습니다

3) 간단하다면, 스스로 하겠습니다.

かんたん じ ぶん
簡単なら、自分でやります。

かんたん 簡単なら	じ ぶん 自分でやります
간단하다면	스스로 하겠습니다

8 동사 문장

ま ま
待つなら、カフェで待ちましょう。

ま 待つなら	カフェで	ま 待ちましょう
기다린다면	카페에서	기다립시다

 동사 기본형에 なら를 붙여서 동사 기본형+なら 라고 할 수 있어
요.

1) 달린다면 아침의 시원한 시간이 좋습니다.

はし あさ すず じ かん
走るなら、朝の涼しい時間がいいです。

はし 走るなら	あさ すず じ かん 朝の涼しい時間が	いいです
달린다면	아침의 시원한 시간이	좋습니다

2) 외출한다면 우산을 가져가세요.

出かけるなら、傘を持っていってください。

で 出かけるなら	かさ 傘を	も 持っていってください
외출한다면	우산을	가져가세요

3) 온다면 사전에 연락해 주세요.

来るなら、事前に連絡してください。

く 来るなら	じぜん 事前に	れんらく 連絡してください
온다면	사전에	연락해 주세요

문법정리

----

1. 조건의 용법 たら

특징	활용	예시	
1) 가장 널리 사용되는 조건의 용법	명사+だったら	休日だったら	휴일이라면
2) 자연현상이나 수학 공식 등에는 사용할 수 없음	나형용사 어간 +だったら	危険だったら	위험하면
3) 과거시제의 문장에서는 발견의 의미 '했더니/했다면'로 해석	이형용사 어간 +かったら	忙しかったら	바쁘면
	동사 た형+ら	宿題が終わったら	숙제가 끝나면

2. 조건의 용법 なら

특징	활용	예시	
1) 주관적인 판단에 따른 의지 권유 희망 명령 문장에 사용	명사+なら	夏なら	여름이라면
2) 주제나 토픽을 나타낼 때 조사 は와 같은 의미로 사용	나형용사 어간 +なら	健康なら	건강하다면
3) 조건의 たら와 なら는 시간의 순서가 반대	이형용사 기본형 +なら	重いなら	무겁다면
	동사 기본형 +なら	出かけるなら	외출한다면

다음 빈칸에 가장 적절한 단어를 골라 문장을 완성하시오.

1) _____ 、コートを着てください。

추우면 코트를 입으세요.

① 寒かったらなら   ② 寒かったら   ③ 寒かったば

2) _____ 、映画を見に行きませんか?

한가하면 영화 보러 가지 않을래요?

① 暇だなら   ② 暇だったら   ③ 暇だったらと

3) 家に _____ 、すぐ連絡します。

집에 돌아가면 바로 연락하겠습니다.

① 帰ったと   ② 帰ったらば   ③ 帰ったら

4) _____ 、きっと理解^{りかい}してくれるでしょう。

그녀라면 분명 이해해 줄 거예요.

① 彼女^{かのじょ}なら　② 彼女^{かのじょ}と　③ 彼女^{かのじょ}たら

5) _____ 、少^{すこ}し休^{やす}んでください。

졸리다면 조금 쉬세요.

① 眠^{ねむ}いなら　② 眠^{ねむ}いければ　③ 眠^{ねむ}いと

6) _____ 、新鮮^{しんせん}な材料^{ざいりょう}を使^{つか}いましょう。

만든다면 신선한 재료를 사용합시다.

① 作^{つく}るなら　② 作^{つく}ると　③ 作^{つく}ったなら

1) _____ 、コートを着(き)てください。

추우면 코트를 입으세요.

① 寒(さむ)かったらなら　② 寒(さむ)かったら　③ 寒(さむ)かったば
寒(さむ)かったら、コートを着(き)てください。

2) _____ 、映画(えいが)を見(み)に行(ゆ)きませんか?

한가하면 영화 보러 가지 않을래요?

① 暇(ひま)だなら　② 暇(ひま)だったら　③ 暇(ひま)だったらと
暇(ひま)だったら、映画(えいが)を見(み)に行(ゆ)きませんか?

3) 家(いえ)に _____ 、すぐ連絡(れんらく)します。

집에 돌아가면 바로 연락하겠습니다.

① 帰(かえ)ったと　② 帰(かえ)ったらば　③ 帰(かえ)ったら
家(いえ)に帰(かえ)ったら、すぐ連絡(れんらく)します。

4) _____ 、きっと理解してくれるでしょう。

그녀라면 분명 이해해 줄 거예요.

① 彼女なら　② 彼女と　③ 彼女たら

彼女なら、きっと理解してくれるでしょう。

5) _____ 、少し休んでください。

졸리다면 조금 쉬세요.

① 眠いなら　② 眠ければ　③ 眠いと

眠いなら、少し休んでください。

6) _____ 、新鮮な材料を使いましょう。

만든다면 신선한 재료를 사용합시다.

① 作るなら　② 作ると　③ 作ったなら

作るなら、新鮮な材料を使いましょう。

서일본 지역의
대표적인 건축물

2

변화의 표현
(ようになる/する,
ていく/くる)

띵똥

띵똥

06:00
알람

습관을 들였더니,
매일 아침 6시에 일어나게 되었다.[1]

좋았어! 하루를 시작해 볼까.
일단 아침부터 먹어야지.

역시 아침엔 여유롭게 커피와 빵이지.

치카치카

손 씻기를 자주 하도록 합시다.[2]

잠깐, 어제 산 도시락…
빨리 먹어야 될 것 같은데….
지금 해치워 볼까.

나는 꿈을 향해
노력해 갈 것이다.[3]

역시 아침엔 여유롭게
밥을 먹는 것도 나쁘지 않아.

치카   치카

자 이제…!

잠깐… 어제 사 둔 푸딩도 먹고 싶은데….

역시… 아침엔 푸딩으로 하루를 시작하는 것도 괜찮은 선택이지.

치카

치카

치카

이럴 거면 다 먹고 이를 닦을걸…. 먹느라 아침 시간을 다 썼군.

자, 아침 업무도 마무리했고….

토도도독

다다음 주쯤에는 시간이 좀 생길 것 같아서, 혼자서 여행을 갈 수 있게 되었다.[4]

어디를 갈까….

띵동~

옷? 마구로센세 이 아침부터 웬일이세요? 급한 일인가요?

헉헉헉… 아침부터 죄송한데….

자, 일단 들어와서 물 좀 드세요.

저 혹시 시원한 아이스아메리카노는 없나요?

꿀꺽 꿀꺽

캬~~~~

역시 유리링이 만들어 주는 아이스아메리카노는 최고예요!

이 정도쯤이야! 근데 뭔가 중요한 일인가요?

뭐가요?

서일본 지역의 대표적인 건축물 중에서 일반인도 견학이 가능한 곳을 4강과 5강에 걸쳐서 총 10곳을 소개할게요.

6 바람의 교회 - 안도 타다오

안도 타다오가 설계한 바람의 교회는 그의 삼교회 시리즈 중 가장 초기 작품으로, 1986년에 완공되었어요. 이 교회를 통해 건축과 자연, 시적 요소와 삶의 융합을 추구하며 '자연의 소리'를 만들어내어 교회의 초월적인 느낌을 표현했어요. 안도의 자연을 대하는 특별한 방식을 잘 보여주는 작품으로, 단순히 자연 그대로의 모습이 아닌 그만의 건축적 장치를 통해 재해석된 자연을 표현했다고 할 수 있어요. 원래 호텔의 결혼식 교회로 설계되었으나, 현재는 일반인에게 상시 공개되지는 않아요. 다만, 매년 늦여름부터 가을까지 열리는 'ROKKO MEETS ART WALK'라는 현대 미술 행사 기간 동안 일반에 공개되니 참고하세요.

고베시

고베포트타워

1) 자연과의 조화

현지의 자연 환경을 충분히 활용하여 건축물과 결합으로 바닷바람이 통과하는 것을 느낄 수 있는 바람 터널 효과와 창문 밖의 정원 풍경과 상호 작용하여 사람과 자연의 공생을 표현했어요.

2) 미니멀리즘 디자인

극도로 간결한 디자인을 채택해서 콘크리트와 무광 유리를 주재료로 사용하여 소박한 외관을 연출하고, 장식적 요소를 최소화하여 중세 로마네스크 교회당과 같은 신성한 공간을 만들어냈어요.

3) 독특한 구조

"오목" 모양의 디자인으로 지형 문제를 해결하고 회랑식 입구에서 건물 본체로 이어지는 구조로 설계했어요.

4) 빛과 그림자의 활용

콘크리트의 차가운 느낌과 빛의 상호작용으로 그림자 효과를 강조하고, 무광 유리 기둥 사이로 빛이 반투명하게 비쳐 시간에 따라 변화하는 그림자를 연출했어요.

5) 공간 경험

90도 회전 후 철제문을 열어 예배당으로 진입하는 독특한 동선과 좌측의 커다란 창을 통해 자연광이 실내로 유입되는 구조로 방문객에게는 환영받는 느낌을 들게 했어요.

7 빛의 교회 - 안도 타다오

빛의 교회는 단순하면서도 강렬한 영적 체험을 제공하는 공간으로 설계되었어요.

1) 건축 구조와 재료

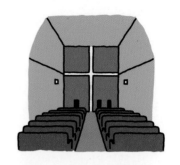

예배당은 바닥, 벽, 천장으로만 구성된 기본적인 직육면체 구조로, 내외부 대부분이 노출 콘크리트로 이루어져 있어, 거친 질감과 묵직한 느낌을 주고 있어요. 또한 창문 등의 개구부가 매우 제한적이에요.

2) 빛의 활용

예배당 정면 벽에 십자가 모양으로 뚫린 공간이 핵심적인 디자인 요소라고 할 수 있는데요. 내부는 의도적으로 어둡게 설계되어 십자가 모양의 절개를 통해 들어오는 빛과 극적인 대비효과를 주고 있어요.

3) 공간 구성

복잡하지 않은 단순한 공간 구성으로 빛과 공간감에 집중할 수 있게 하면서, 기존 교회와 달리 신도들의 좌석을 수평적으로 배치하여 전통적인 교회 구조에서 벗어났어요.

4) 자연과의 조화

빛, 물, 바람, 소리 등 자연 요소를 건축에 통합하여 자연과의 조화를 추구했어요.

8 미나노모리 기후 미디어 코스모스 - 이토 토요오

일본 기후시에 위치한 혁신적인 다목적 시설로 기능성, 미적 매력, 지속 가능한 기술을 통합하여 매력적인 공공 공간을 연출해서, 자연과의 조화를 추구하는 이토의 건축 특성을 잘 보여주고 있어요.

1) 구조 및 디자인

1층에는 회의 공간, 스튜디오, 전시 공간이, 2층에는 도서관이 위치해 있고 도서관 천장에는 11개의 거대한 우산 모양 '글로브'가 설치되어 있으며, 책장은 글로브 주변으로 방사형으로 배치되어 있어 독특한 공간 구성을 만들었어요. 또한 내부는 큰 깔때기 모양의 지붕 구조로 설계되어 읽기, 휴식, 학습 구역이 자연스럽게 나누어져 있어요.

2) 지속 가능한 기술

지붕 캐노피는 격자무늬 목재와 작은 틈새로 구성되어 있어 자연광이 도서관 내부로 들어올 수 있도록 설계되었어요. 그리고 돔 형태의 구조물은 태양빛을 특정 각도로 굴절시켜 빛을 건물 전체에 고르게 분산시키는 역할을 하고 있어요.

3) 재료 및 형태

곡선형 글로브는 빛이 공간 아래로 자연스럽게 내려오게 하고, 지붕을 물결치는 형태로 만들어 자연스러운 곡선미를 강조했어요.

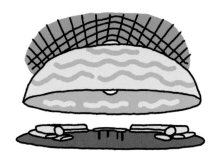
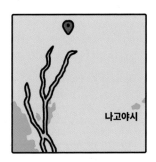

나고야시

9 히로시마 평화기념자료관 - 단게 겐조

제2차 세계대전 후 일본 건축의 시작을 알리는 기념비적 작품으로 평가받고 있어요. 단게 겐조는 히로시마 평화기념자료관을 통해 전쟁의 비극을 기억하고 평화를 향한 희망을 건축적으로 표현했어요.

1) 치장 콘크리트 사용

치장 콘크리트로 구성되어 있어 견고하고 현대적인 외관을 갖추고 있어요.

> * 치장 콘크리트는 거푸집을 없앤 면이 그대로 마감이 되는 기법으로,
> 콘크리트 표면을 다른 마감재로 처리하지 않음

2) 필로티 구조

필로티를 사용하여 건물을 대지에서 들어올림으로써 경량감과 개방감을 부여했어요.

3) 기능성과 미학의 조화

단계의 특징인 기능성과 미학을 동시에 고려한 접근 방식이 적용됐어요.

4) 현대 건축의 5원칙 적용

필로티, 자유로운 입면, 평면 설계의 가능성, 넓은 창호 등 르 코르뷔지에의 현대 건축 5원칙을 바탕으로 설계되었어요.

> * 르 코르뷔지에 현대 건축 5원칙
> 필로티(Pilotis), 자유로운 평면(Free plan), 가로로 긴 창(Horizontal window),
> 자유로운 입면(Free facade), 옥상 정원(Roof garden)

5) 상징성

히로시마의 부흥을 상징하며, 평화를 기념하고 '평화를 만들어내기 위한 원동력'의 역할을 담고 있어요.

히로시마
현립 미술관

🔟 교토 국립근대미술관 - 마키 후미히코

마키 후미히코가 설계한 교토 국립근대미술관은 1986년에 완성되었으며, 모더니즘 건축의 원칙을 따르면서도 주변 환경과 조화를 이루는 독특한 미술관 건축을 실현했어요.

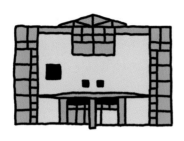 

1) 데 스테일 양식의 영향

건축의 핵심 요소로 화가 피에트 몬드리안이 제창한 "데 스테일 양식"이 사용되었어요. 이는 수직과 수평, 원색과 무채색을 이용한 기하학적 디자인이 특징이에요.

2) 재료 선택

외관은 포르투갈산 화강암을 사용하고, 내부는 흰색 대리석을 사용했어요.

3) 개방적 공간 실현

높이 제한에도 불구하고 개방적인 공간을 실현하기 위해 높은 천장의 입구와 로비, 태양광을 들이는 탑라이트, 유리벽면을 도입했어요.

4) 빛의 활용

투명한 유리와 유백색 유리 2종을 통해 아름다운 빛 연출을 구현했어요.

5) 계단 디자인

매끄럽게 마감된 핸드레일과 창을 통해 외부 풍경을 감상할 수 있는 구조로 철근과 수직 수평으로 교차하는 기둥 디자인이 특징이에요.

6) 높이 제한 준수

오카자키 공원의 풍치지구 지정으로 인해 헤이안신궁의 토리이(鳥居)보다 낮은 높이로 설계했어요.

7) 주변 경관과의 연결

창문 옆 붉은색 기둥을 통해 내부와 외부의 헤이안신궁 토리이를 시각적으로 연결하는 효과를 노렸어요.

 이번 강에서는 변화의 표현을 살펴볼 텐데요.

 변화라면 2권 8강에서 공부한 형용사를 사용한 상태의 변화의 표현 말하는 건가요?

 이번에는 동사를 사용한 변화의 표현이에요. 동작하게 되다/동작할 수 있게 되다/동작하도록 하다 등과 같은 표현이에요.

1 동사+ようになる

 동사+ようになる는 '동작하+게 되다'의 의미로 사용해요. 어쩌다 자연스럽게 상태가 변화한다는 뉘앙스로 사용하는 경우가 많아요.

 의지를 갖고 변화했다기보다는 상황상 변화되었다는 느낌이군요.

まいあさろくじ お
毎朝6時に起きるようになった。

まいあさ 毎朝	ろくじ 6時に	お 起きるようになった
매일 아침	6시에	일어나게 되었다

 우리말 해석을 보면 의도적인 변화라기보다는 살다 보니 아침형 인간이 되었다는 뉘앙스라는 걸 알겠죠?

 그렇다면 의도나 노력에 의한 변화의 표현은 어떻게 하나요?

 곧 알려 줄게요. 일단 동사+ようになる의 예문을 몇 개 더 살펴봐요.

1) 열심히 공부하게끔 되었습니다.

いっしょうけんめいべんきょう
一生懸命勉強するようになりました。

いっしょうけんめい 一生懸命	べんきょう 勉強するようになりました
열심히	공부하게끔 되었습니다

2) 매일 운동하게 되었다.

まいにちうんどう
毎日運動するようになった。

まいにち 毎日	うんどう 運動するようになった
매일	운동하게 되었다

3) 실패를 두려워하지 않게 되었다.

しっぱい　おそ
失敗を恐れないようになった。

しっぱい 失敗を	おそ 恐れないようになった
실패를	두려워하지 않게 되었다

 동사의 ない형에도 그대로 사용할 수 있군요.

2 동사가능형 + ようになる

 동사가능형+ようになる는 능력의 변화를 나타낼 수 있어요. 동사의 가능형 만드는 방법은 언제 공부했는지 알고 있나요?

 그럼요! 4권 6강에서 공부했잖아요.

 (감격)

一人で旅行に行けるようになった。

_{ひとり}一人で	_{りょこう}旅行に	_い行けるようになった
혼자서	여행을	갈 수 있게 되었다

 '여행을 가다'라는 표현은 旅行に行く 라고 하니 조사에 주의하세요.

 旅行に行く!

1) 타인의 마음을 이해할 수 있게 되었다.

他人の気持ちが理解できるようになった。

_{たにん}他人の_{きも}気持ちが	_{りかい}理解できるようになった
타인의 마음을	이해할 수 있게 되었다

2) 자신의 의견을 말할 수 있게 되었다.

自分の意見を言えるようになった。

<ruby>自分<rt>じぶん</rt></ruby>の<ruby>意見<rt>いけん</rt></ruby>を	<ruby>言<rt>い</rt></ruby>えるようになった
자신의 의견을	말할 수 있게 되었다

3) 영어 영화를 자막 없이 볼 수 있게 되었어요.

英語の映画を字幕なしで見られるようになりました。

<ruby>英語<rt>えいご</rt></ruby>の<ruby>映画<rt>えいが</rt></ruby>を	<ruby>字幕<rt>じまく</rt></ruby>なしで	<ruby>見<rt>み</rt></ruby>られるようになりました
영어 영화를	자막 없이	볼 수 있게 되었어요

 명사+なしで는 '명사 없이' 라는 의미로 사용할 수 있어요.

3 동사 + ようにする

 동사+ようにする는 '동작하+도록 하다/게끔 하다'의 의미로 사용해요. 동사+ようにする는 의도, 노력으로 상태가 변화한다는 뉘앙스로 많이 사용하는데요. 1번에 배운 동사+ようになる와 구분해서 사용해야 자연스러운 의사전달이 가능해요.

 우리말 해석도 잘 살펴봐야겠네요.

<ruby>手洗<rt>てあら</rt></ruby>いをこまめにするようにしましょう。

<ruby>手洗<rt>てあら</rt></ruby>いを	こまめに	するようにしましょう
손 씻기를	자주	하도록 합시다

こまめには '바지런히', '성실히'라는 의미로도 사용해요.

1) 지역 봉사활동에 참여하도록 하겠습니다.

地域のボランティア活動に参加するようにします。

地域のボランティア活動に	参加するようにします
지역 봉사활동에	참여하도록 하겠습니다

2) 매일 영어 뉴스를 들으려고 하고 있습니다.

毎日英語のニュースを聞くようにしています。

毎日	英語のニュースを	聞くようにしています
매일	영어 뉴스를	들으려고 하고 있습니다

3) 마감일을 지키도록 해주세요.

締め切りを守るようにしてください。

締め切りを	守るようにしてください
마감일을	지키도록 해주세요

 노력이나 의도가 포함된 동작의 변화라는 것을 알겠죠?!

4 동사 + ていく

 이번에는 동사+ていく 를 사용한 표현을 알아볼 건데요.

 동사+ていく 라면 '동작하고 가다'라고 해석하면 되는 거 아닌가요?

 이전에 배운 단순한 이동의 의미가 아닌 변화와 지속의 의미로 사용할 수도 있어요.

 변화와 지속이라면 우리말 해석으로는 어떻게 되죠?

변화: 해져 가다

지속: (계속) 하다, (앞으로도) 하다

 이렇게 할 수 있고, 각각 예문을 통해 좀 더 알아봐요.

私は夢に向かって努力していく。

私は	夢に向かって	努力していく
나는	꿈을 향해	노력해 갈 것이다

 努力していく는 '노력하고 가다'의 의미가 아니라, '노력해 가다'라는 지속의 의미로 사용한 거예요.

 우리말과 비슷하네요! '가다'의 또 다른 용법이라고 볼 수 있네요.

1) 그들은 새로운 문화를 받아들여 가겠죠. (변화)

彼らは新しい文化を受け入れていくでしょう。

彼らは	新しい文化を	受け入れていくでしょう
그들은	새로운 문화를	받아들여 가겠죠

2) 계절은 겨울에서 봄으로 변해갔습니다. (변화)

季節は冬から春へと変わっていきました。

季節は	冬から春へと	変わっていきました
계절은	겨울에서 봄으로	변해갔습니다

3) 그녀는 줄곧 일본어 공부를 계속해 나갈 거라고 생각해요. (지속)

彼女はずっと日本語の勉強を続けていくと思います。

彼女は	ずっと	日本語の勉強を	続けていくと思います
그녀는	줄곧	일본어 공부를	계속해 나갈 거라고 생각해요

4) 앞으로도 지구 온난화는 진행되어 갈 것이다. (지속)

これからも地球温暖化は進行していく。

これからも	地球温暖化は	進行していく
앞으로도	지구 온난화는	진행되어 갈 것이다

 5 동사 + てくる

이번에는 동사+てくる를 사용한 변화와 지속의 표현을 알아볼 건 데요.

이번 동사+てくる도 단순한 이동의 의미가 아니군요. 그렇다면 변화와 지속의 용법으로 사용하면 해석은 어떻게 하면 되나요?

변화: 해지다, 해오다

지속: (예전부터) 해오다, (지금까지) 해오다

 이렇게 할 수 있어요. 예문을 만나볼게요. 우리말 해석도 잘 살펴보세요.

新しいアイデアが浮かんでくる。

あたら 新しいアイデアが	う 浮かんでくる
새로운 아이디어가	떠오른다

 단순한 이동의 의미가 아닌, 변화의 의미로 해석해야 해요.

1) 하늘이 밝아지기 시작했다. (변화)

空が明るくなってきた。

そら 空が	あか 明るくなってきた
하늘이	밝아지기 시작했다

2) 희망이 보이기 시작했어요. (변화)

希望が見えてきました。

きぼう 希望が	み 見えてきました
희망이	보이기 시작했어요

3) 작년부터 건강을 위해서 채소주스를 마셔 왔어요. (지속)

去年から健康のために野菜ジュースを飲んできました。

去年から	健康のために	野菜ジュースを	飲んできました
작년부터	건강을 위해서	채소주스를	마셔 왔어요

4) 지금까지 노력해 왔는데 포기하다니. (지속)

今まで頑張ってきたのに、諦めるなんて。

今まで	頑張ってきたのに	諦めるなんて
지금까지	노력해 왔는데	포기하다니

 なんて는 '하다니' 또는 '따위' 등의 의미로 사용해요.

변화의 표현

	해석	특징
동사 + ようになる	동작하 + 게 되다	자연스럽게 상태가 변화
동사가능형 +ようになる	동작할 수 있 + 게 되다	능력의 변화
동사 + ようにする	동작하 + 도록 하다/게끔 하다	의도, 노력으로 상태가 변화
동사 + ていく	동작 + 해져 가다 /(계속) 하다, (앞으로도) 하다	변화, 지속
동사 + てくる	동작 + 해지다, 해오다 /(예전부터) 해오다, (지금까지) 해오다	변화, 지속

다음 빈칸에 가장 적절한 단어를 골라 문장을 완성하시오.

1) 最近お酒が _____ ようになりました。

요즘 술을 마실 수 있게 되었습니다.

① 飲める　② 飲む　③ 飲んだ

2) これからは野菜もちゃんと _____ ようにしてください。

앞으로는 채소도 제대로 먹도록 하세요.

① 食べ　② 食べられる　③ 食べる

3) 野菜を食べるように _____ 。

채소를 먹게 되었다.

① なった　② した　③ なる

4) 毎日日記を書くように _____ 。

매일 일기를 쓰려고 하고 있습니다.

① なっています　② います　③ しています

5) 子供たちは成長して _____ 。

아이들은 성장해 갈 것이다.

① くる　② いく　③ いる

6) 音楽が聞こえて _____ 。

음악이 들려온다.

① くる　② いく　③ いる

정답확인

1) 最近^{さいきん}お酒^{さけ}が ＿＿＿＿＿ ようになりました。

요즘 술을 마실 수 있게 되었습니다.

① 飲^のめる　② 飲^のむ　③ 飲^のんだ
最近^{さいきん}お酒^{さけ}が飲^のめるようになりました。

2) これからは野菜^{やさい}もちゃんと ＿＿＿＿＿ ようにしてください。

앞으로는 채소도 제대로 먹도록 하세요.

① 食^たべ　② 食^たべられる　③ 食^たべる
これからは野菜^{やさい}もちゃんと食^たべるようにしてください。

3) 野菜^{やさい}を食^たべるように ＿＿＿＿＿。

채소를 먹게 되었다.

① なった　② した　③ なる
野菜^{やさい}を食^たべるようになった。

4) 毎日日記を書くように ＿＿＿＿＿＿＿＿ 。

매일 일기를 쓰려고 하고 있습니다.

---

① なっています　② います　③ しています

毎日日記を書くようにしています。

---

5) 子供たちは成長して ＿＿＿＿＿＿＿＿ 。

아이들은 성장해 갈 것이다.

---

① くる　② いく　③ いる

子供たちは成長していく。

---

6) 音楽が聞こえて ＿＿＿＿＿＿＿＿ 。

음악이 들려온다.

---

① くる　② いく　③ いる

音楽が聞こえてくる。

홋카이도 지역의
대표적인 건축물

사역형

오랜만에 삿포로 도착!

1박 2일 여행이기 때문에 시간이 촉박해.

일정을
야무지게 잘 짜야 될 것 같아.

예상은 했지만 정말 춥다….
몸이 으슬으슬하군.

어서 따듯한 곳에… 가 아니라
따듯한 걸 먹으러 가야겠어.

역시 삿포로는
스프카레로 시작하는 게
나만의 루틴!

이상하게
스프카레에 들어가 있는 채소들은
참 맛있단 말이지.

평소에도
이렇게 채소를 많이 먹으면 좋으련만….

긁적

채소도
추가 주문
할 수 있습니다.

아… 그러면….

새우튀김 3개 추가요!

휘청

CURRY

밥도 든든하게 먹었고,
슬슬 연락해 볼까?

여보세요~.

오늘은 휴일입니다.
좀 더 자게 해 주세요.[1]

…

나 마구로센세야.
삿포로에 이제 도착했어!

카니군

아…! 마구로센세! 나도 준비해서 나갈게!

7강에서 계속…

6강 홋카이도 지역의 대표적인 건축물 175

일본통 日本通 되기!

홋카이도의 건축물 建築物

홋카이도 지역의 대표적인 건축물 중에서 일반인도 견학이 가능한 장소 5곳을 소개할게요.

1 We Hotel Toya - 쿠마 켄고

쿠마 켄고가 설계한 We Hotel Toya는 일본 홋카이도의 도야호 호숫가에 위치한 건축물로, 자연과 현대적 "와(和)" 디자인의 조화를 추구해요. 쿠마의 "약한 건축" 철학이 반영되어 자연을 거스르지 않고 조화를 이루는 건축의 좋은 예시라고 할 수 있어요.

1) 자연과의 조화

외관은 도야호의 풍부한 자연에서 영감을 받은 목조 구조로 설계되었고, 건물 전체에 나무의 따뜻함을 느낄 수 있는 현대적 스타일을 적용했어요.

2) 내부 디자인

로비와 레스토랑은 직물 소재로 덮었고, 내부는 동굴과 같은 느낌을 주는 디자인이에요.

3) 공간 활용

5,330평방미터의 면적에 자연과 지역 문화를 포용하는 부티크 호텔로 설계되었어요.

도야호수

4) 객실 특징

전체 46개의 모든 객실에는 히노키탕(일본 편백나무로 만든 욕조)이 설치되어 있으며, 객실 창문을 통해 도야호의 아름다운 경치를 감상할 수 있어요.

2 물의 교회 - 안도 타다오

안도 타다오의 독창적인 건축 철학과 자연과의 조화를 잘 보여주는 기하학적 형태, 물과 빛의 상호작용, 그리고 재료 선택에서 나타나는 미니멀리즘은 이 건축물이 단순한 건축물의 개념을 넘어 깊은 신성한 느낌마저 들게 하는 곳이에요. 눈이 내리는 겨울을 제외하고 방문하시길 추천드려요.

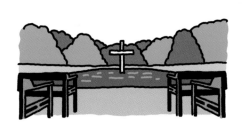 

토마무역

1) 기하학적 형태와 구조

물의 교회는 두 개의 상자가 서로 교차하는 형태로, 외부에서 보면 L자형 콘크리트 담이 교회를 감싸고 있어, 내부 공간이 외부에서 쉽게 드러나지 않도록 설계되었어요.

2) 물과의 상호작용

내부에는 인공 연못이 조성되어 있으며, 이 연못은 주변 개울에서 끌어온 물로 채워져 있어요. 방문자가 물속으로 들어가는 듯한 착각을 하게 만들어요. 또 이 연못 위에는 십자가가 있어서, 연못과 숲의 경계에서 시각적으로 연결되어, 자연 속에 녹아 드는 효과를 주기도 해요.

3) 재료의 사용

안도는 주로 노출 콘크리트와 유리를 사용하여, 공간의 투명성과 신성함을 강조하는데요. 내부 공간은 최소한의 장식으로 구성되어 있어, 순수하고 절제된 아름다움을 표현했어요.

4) 빛과 공간

자연광을 최대한 활용하도록 설계되어서 빛이 다양한 각도로 들어와 공간을 환하게 밝혀줘요. 또 2층 유리탑을 돌아 들어가는 동선은 방문객이 교회의 전체 모습을 감상할 수 있도록 의도적으로 설계되었어요. 밤에는 아래에서 비치는 빛으로 인해 '빛의 상자'가 되어, 십자가들을 비추며 신비로운 분위기를 자아내기도 해요.

3 부처님 언덕 - 안도 타다오

부처님 언덕(Buddha Hill)은 전통적인 불교 건축 양식과 현대적 감각이 조화를 이루며, 자연 환경과의 연계를 통해 방문객들에게 깊은 감동을 주는 공간이에요. 안도의 건축적 접근 방식은 단순히 기능적 공간을 넘어서, 사람들에게 영적이고 심리적인 안식처를 제공하는 데 중점을 두고 있어요.

1) 구조와 디자인

부처님 언덕의 중심에 높이 13.5m, 무게 1500t의 대불상(아타마 다이부쓰)이 자리 잡고 있고, 이 불상은 약 4000t의 돌을 정교하게 가공하여 제작되었어요.

또 불상 머리 위의 지붕은 중앙이 뻥 뚫린 듯한 형태로, 빛과 구름, 별, 바람이 그 뚫린 공간을 통해 들어오도록 설계되어서 자연 요소가 건축물 내부로 스며들게 하는 안도의 대표적인 기법 중 하나라고 할 수 있어요.

2) 자연과의 조화

안도는 '차경'(借景)이라는 기법을 활용하여 관람자가 시간과 계절에 따라 변화하는 빛과 그림자를 경험하게 하여, 건축물과 자연이 하나로 어우러지는 효과를 노렸어요. 그리고 겨울철에는 눈으로 덮인 순백색의 풍경을, 여름철에는 라벤더가 만발하는 경관을 즐길 수 있어요.

3) 공간 구성

부처님 언덕 내부에는 통로가 있으며, 이 통로를 따라 이동하면서 대불상을 감상할 수 있도록 설계되었는데요. 이러한 공간 구성으로 신성한 분위기를 느끼며 사색할 수 있는 환경을 제공하기도 해요.

4 기타카로 본점 - 안도 타다오

기타카로 본점은 1926년에 지어진 '옛 홋카이도 도립문서관 별관'을 리모델링하여 복고풍의 매력을 지니고 있어요. 현대적 요소와 역사적 요소의 조화를 이루며, 문화와 역사를 느낄 수 있는 특별한 장소로 자리잡고 있어요.

1) 역사적 재활용 및 리모델링

기타카로 본점은 원래 도서관으로 사용되었던 역사적인 건물이었는데요. 구현관 홀과 같은 역사적 공간을 보존하면서 현대적인 기능을 추가했어요.

2) 높은 층고와 개방감

내부는 높은 층고로 넓은 공간감을 느낄 수 있어요. 쾌적한 분위기 속에서, 다양한 디저트를 즐기거나 기념품을 구경할 수 있어요.

3) 자연 채광과 내부 공간의 조화

안도는 자연광을 효과적으로 활용하는 디자인으로 벽과 천장에는 자연광이 잘 들어오도록 설계해서 시간에 따라 변화하는 빛의 효과를 즐길 수 있어요.

4) 현대적이고 세련된 디자인

2층 카페 공간은 화이트 곡선 천장과 벽면 가득한 책장으로 구성되어 있어, 현대적이고 세련된 느낌을 줘요.

5) 내진 설계

건물의 보수 과정에서 내진성을 고려한 설계가 이루어졌어요.

5 모에레누마 공원 - 이사무 노구치

모에레누마 공원은 홋카이도 삿포로시에 위치한 이사무 노구치가 설계한 공원으로, 예술과 자연이 조화를 이루는 공간이에요.

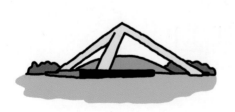

삿포로시

1) 공원의 개요

약 189헥타르로 폐기물 매립지에서 재생된 공간이에요. 노구치는 "공원 자체가 하나의 조각"이라는 개념으로, 자연과 인공 구조물이 조화를 이루도록 설계했어요.

2) 주요 구조물 및 특징

모에레 산은 공원의 가장 높은 62미터의 인공적으로 쌓아 올린 산으로, 정상에서는 삿포로 시내를 한눈에 볼 수 있어요. 겨울에 눈이 쌓이면 썰매나 스키를 탈 수도 있어요.

플레이 마운틴은 30미터 높이의 또 다른 인공 산으로, 다양한 경로를 통해 오를 수 있어요.

히다마리 유리 피라미드는 현대적인 디자인의 유리 구조물로, 내부에는 카페와 안내소가 있고, 주변 자연과의 조화를 이루며 계절에 따라 다양한 경관을 반사해서 멋진 사진을 찍을 수 있는 포인트예요.

바다의 분수는 최대 25미터까지 물을 뿜어내는 대형 분수로, 매일 여러 차례 분수 공연이 이루어지고 있어요.

3) 예술적 요소

공원 내에는 노구치가 디자인한 126개의 놀이기구와 여러 조각 작품이 배치되어 있는데요. 모두 자연 환경과 어우러져 방문객들이 직접 체험할 수 있도록 설계되었어요.

4) 자연과의 조화

모에레누마 공원은 기하학적 형태와 넓은 공간을 통해 방문객들에게 탐험하는 듯한 경험을 하게 해줘요. 노구치는 이곳을 통해 시간과 공간에 대한 새로운 관념을 성찰하도록 유도했다고 해요.

 이번 강에서는 일본어의 사역형을 배울 거예요.

 이름부터 어려운데요. 사역형이 뭔가요?

 사역형은 무언가를 시키는 동작을 말해요.

 '공부시키다', '외우게 하다' 이런 건가요. 많이 듣던 말이네요….

 그걸 일본어로 말할 수 있게 되는 거예요!

1 1그룹 동사

동사 원형		동사 사역형 마지막 글자를 あ단으로 바꾸고 せる를 붙임 (う->わ)	
行く	가다	行かせる	가게 시키다, 가게 하다
怒る	화내다	怒らせる	화나게 하다
言う	말하다	言わせる	말 시키다
泳ぐ	헤엄치다	泳がせる	헤엄치게 하다
読む	읽다	読ませる	읽게 하다

 1그룹 동사는 마지막 글자를 あ단으로 바꾸고 せる를 붙이면 돼요.

 그렇다면 行く는 行かせる가 되는 건가요? 그리고 行く가 '가다'
라는 동사이니까 行かせる는 '가게 시키다'라는 의미겠네요.

정답! 한 가지 주의할 점은 う로 끝나는 동사예요. う로 끝나는 동사는 あ단을 あ가 아닌 わ로 바꿔야 하니 각별히 주의하세요!

2 2그룹 동사

동사 원형		동사 사역형 어미 る를 지우고 させる를 붙임	
^み見る	보다	^み見させる	보이다, 보게 하다
^お起きる	일어나다	^お起きさせる	깨우다
^{かんが}考える	생각하다	^{かんが}考えさせる	생각하게 하다
^た建てる	세우다, 짓다	^た建てさせる	짓게 하다
^た食べる	먹다	^た食べさせる	먹이다

 이번에는 2그룹 동사의 사역형을 만들어 볼 텐데요. 지금까지 다양한 동사의 변형을 배우면서 2그룹을 만나면 반가워해도 된다고 했죠. 이번에도 역시 2그룹 동사는 간단하게 사역형으로 만들 수 있어요.

 마지막 글자 る를 지우고 뭔가를 붙이겠네요.

 맞아요! 어미 る를 지우고 させる를 붙여요. 동사 '먹다'의 食べる는 마지막 글자 る를 지우고 させる를 붙이면 食べさせる가 되는 거예요.

동사 원형		동사 사역형	
する	하다	させる	시키다
<ruby>来<rt>く</rt></ruby>る	오다	<ruby>来<rt>こ</rt></ruby>させる	오게 하다

 이제 3그룹 동사 차례네요. 3그룹 동사는 2개밖에 없으니까 마음이 가벼워요.

 3그룹 동사는 する와 <ruby>来<rt>く</rt></ruby>る밖에 없지만 어간의 읽는 방법이 바뀌니까 주의하세요.

4 동사의 사역형

うちの<ruby>会社<rt>かいしゃ</rt></ruby>は<ruby>社員<rt>しゃいん</rt></ruby>に<ruby>外国語<rt>がいこくご</rt></ruby>を<ruby>習<rt>なら</rt></ruby>わせる。

うちの<ruby>会社<rt>かいしゃ</rt></ruby>は	<ruby>社員<rt>しゃいん</rt></ruby>に	<ruby>外国語<rt>がいこくご</rt></ruby>を<ruby>習<rt>なら</rt></ruby>わせる
우리 회사는	사원에게	외국어 공부를 시킨다

 '배우다'의 <ruby>習<rt>なら</rt></ruby>う 동사의 사역형을 사용했어요.

1) 그는 언제나 주변사람을 웃게 하는 재주가 있습니다.

<ruby>彼<rt>かれ</rt></ruby>はいつも<ruby>周<rt>まわ</rt></ruby>りの<ruby>人<rt>ひと</rt></ruby>を<ruby>笑<rt>わら</rt></ruby>わせる<ruby>才能<rt>さいのう</rt></ruby>があります。

<ruby>彼<rt>かれ</rt></ruby>はいつも	<ruby>周<rt>まわ</rt></ruby>りの<ruby>人<rt>ひと</rt></ruby>を	<ruby>笑<rt>わら</rt></ruby>わせる<ruby>才能<rt>さいのう</rt></ruby>が	あります
그는 언제나	주변사람을	웃게 하는 재주가	있습니다

'웃다'의 笑う 동사의 사역형을 사용했어요.

2) 무거운 짐을 들게 했다.

重い荷物を持たせた。

重おもい	荷物にもつを	持もたせた
무거운	짐을	들게 했다

 '들다'의 持つ 동사의 사역형을 사용했어요.

3) 아이에게 영자신문을 읽게 하고 있습니다.

子供に英語の新聞を読ませています。

子供こどもに	英語えいごの新聞しんぶんを	読よませています
아이에게	영자신문을	읽게 하고 있습니다

 '읽다'의 読む 동사의 사역형을 사용했어요.

5 사역형의 て형 + ください

 이번에는 사역형의 て형을 활용해서 정중하게 허락을 구하는 표현을 알아볼게요. 사역형의 て형+ください는 직역하자면, '동작하게 해 주세요'이지만, 그 동작의 허락을 구하는 매우 정중한 표현이에요.

 모든 사역형은 2그룹 동사이니까 て형을 만드는 건 간단하겠네요!

きょう　やす　　　　　すこ　ね
今日は休みです。もう少し寝させてください。

きょう　やす 今日は休みです	すこ もう少し	ね 寝させてください
오늘은 휴일입니다	좀 더	자게 해주세요 (자게 허락해 주세요)

 '자다'의 寝る 동사의 사역형을 사용했어요.

1) 다음 주 오사카 출장은 저에게 가게 해주세요(가게 허락해 주세요).
らいしゅう　おおさかしゅっちょう　　わたし　い
来週の大阪出張は、私に行かせてください。

らいしゅう　おおさかしゅっちょう 来週の大阪出張は	わたし 私に	い 行かせてください
다음 주 오사카 출장은	저에게	가게 해주세요

 '가다'의 行く 동사의 사역형을 사용했어요.

2) 몸이 안 좋으니 오늘은 이만 돌아가게 해주세요(퇴근하게 허락해 주세요).

体調が悪いので、今日はもう帰らせてください。

体調が悪いので	今日は	もう	帰らせてください
몸이 안 좋으니	오늘은	이만	돌아가게 해주세요

 '돌아가다'의 帰る 동사의 사역형을 사용했어요.

3) 화장실에 가는 동안 여기에 짐을 두게 해주세요(두게 허락해 주세요).

トイレに行く間、ここに荷物を置かせてください。

トイレに行く間	ここに	荷物を	置かせてください
화장실에 가는 동안	여기에	짐을	두게 해주세요

 '두다'의 置く 동사의 사역형을 사용했어요.

✏️ 문법정리

동사 원형의 마지막 글자를 지우고 사역형을 만드는 장치

그룹	원형의 마지막 글자	사역형을 만드는 장치
1그룹	う*	わせる*
	つ	たせる
	る	らせる
	ぬ	なせる
	ぶ	ばせる
	む	ませる
	く	かせる
	ぐ	がせる
	す	させる
예외 1그룹	る	らせる
2그룹	る	させる
3그룹	する	させる
	来る	来させる

*う로 끝나는 동사는 あ단을 わ로 바꿔야 하니 주의

다음 빈칸에 가장 적절한 단어를 골라 문장을 완성하시오.

1) 母は子供に野菜を _____ 。

어머니가 아이에게 야채를 먹게 한다.

① 食べさせる   ② 食べられる   ③ 食べる

2) コーチは選手に毎日 _____ 。

코치가 선수에게 매일 달리게 한다.

① 走らせる   ② 走られる   ③ 走る

3) シェフは見習いに野菜を _____ 。

셰프가 견습생에게 야채를 자르게 했다.

① 切る   ② 切らせた   ③ 切らせる

4) 新しい料理を ＿＿＿＿＿ ください。

새로운 요리를 만들게 해주세요.

① 作らせて ② 作る ③ 作らせた

5) 会議に ＿＿＿＿＿ ください。

회의에 참석하게 해주세요.

① 参加させる ② 参加させて ③ 参加させられて

6) 子供たちに自由に ＿＿＿＿＿ ください。

아이들이 자유롭게 놀게 해주세요.

① 遊ばれて ② 遊て ③ 遊ばせて

1) 母(はは)は子供(こども)に野菜(やさい)を _____ 。

어머니가 아이에게 야채를 먹게 한다.

---

① 食(た)べさせる　② 食(た)べられる　③ 食(た)べる

母(はは)は子供(こども)に野菜(やさい)を食(た)べさせる。

---

2) コーチは選手(せんしゅ)に毎日(まいにち) _____ 。

코치가 선수에게 매일 달리게 한다.

---

① 走(はし)らせる　② 走(はし)られる　③ 走(はし)る

コーチは選手(せんしゅ)に毎日(まいにちはし)走らせる。

---

3) シェフは見習(みなら)いに野菜(やさい)を _____ 。

셰프가 견습생에게 야채를 자르게 했다.

---

① 切(き)る　② 切(き)らせた　③ 切(き)らせる

シェフは見習(みなら)いに野菜(やさい)を切(き)らせた。

---

4) 新しい料理を _____ ください。

새로운 요리를 만들게 해주세요.

---

① 作らせて ② 作る ③ 作らせた

....

新しい料理を作らせてください。

---

5) 会議に _____ ください。

회의에 참석하게 해주세요.

---

① 参加させる ② 参加させて ③ 参加させられて

....

会議に参加させてください。

---

6) 子供たちに自由に _____ ください。

아이들이 자유롭게 놀게 해주세요.

---

① 遊ばれて ② 遊て ③ 遊ばせて

....

子供たちに自由に遊ばせてください。

7강

큐슈와 시코쿠 지역의 대표적인 건축물

수동형

휴~ 드디어
초밥집 도착!

이상하게 삿포로에 있는 모든 외국인들이
카니군한테 말을 거는 느낌이야;;;

슬슬 나도 아는 영어가
바닥나고 있었어….

여긴 내가 꼭
친구들이 삿포로에 놀러 오면
데리고 가는 회전 초밥집이야.

저렴하고 신선한 게 제일 좋아!!

하지만 정신줄 놓고 먹으면 가격이 산으로…

가격과 식욕의 아슬아슬한 균형을 잘 지키는 게 중요하지.

두 분 입장하세요~!

난 요즘
전갱이 같은
등푸른생선 초밥이
맛있더라!

어쩐지 다른 건 안 먹고
전갱이초밥만 먹고 있네….

컥!! 나도 모르게!!

그러고 보니 너도 장어초밥만 먹고 있는데?

컥!! 나는 요즘 장어에 꽂혀 버려서….

그러고 보니 마구로센세 일본어가 많이 늘었네!

으응, 선생님께 열심히 배우고 있어서.

최근에 드물게, 선생님께 칭찬받았다.[1]

부끄 부끄

아! 여기는 우유 푸딩이 정말 맛있어!

초밥집에서 푸딩!?

엄청 옛날 건물 같은데?

이 건물은 100년 전에 지어졌다.[2]

중요 문화재인
훗카이도청 구 본청사야.

현재는 다른 건물이
청사 역할을 하고 있지.

우와!
어떻게 그렇게 잘 알아?

왜냐면 내가
훗카이도청사에서 일하거든…
말 안 했나?

구 청사는 내부를 구경해 볼 수 있어.
가 볼래?

좋아좋아!

큐슈와 시코쿠 지역의 대표적인 건축물 중에서 일반인도 견학이 가능한 장소 5곳을 소개할게요.

1 오이타현 아트 뮤지엄, OPAM - 반 시게루

오이타현 아트 뮤지엄은 지역 문화와 예술을 연결하는 공간으로 예술과 문화의 중심지로 자리매김하고 있어요.

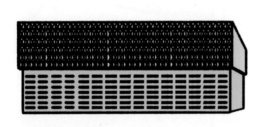

오이타역

1) 디자인 개념

'오감의 박물관'이라는 콘셉트로 설계되어, 방문객들이 다양한 감각을 통해 예술을 경험할 수 있도록 구성되었어요. 그리고 자연광을 최대한 활용하고, 주변 환경과의 조화를 이루는 디자인을 강조해서 실내와 실외의 경계를 허물고 자연과의 연결성을 강화했어요.

2) 구조적 요소

미술관은 대형 유리 스크린으로 둘러싸여 있어, 내부 활동이 외부에서 보이도록 설계되었어요. 이는 투명성을 강조하며, 자연광이 내부로 유입될 수 있도록 해요. 또한 외관은 지역 전통 장인의 대나무 작업을 반영한 섬세한 목재 파사드로 구성되었어요. 이러한 디자인은 지역 문화를 존중하고, 현대적 감각과 전통을 결합한 결과라고 할 수 있어요.

3) 공간 활용

3층에 걸쳐 4,800점 이상의 작품을 전시할 수 있는 다양한 전시 공간을 갖추고 있어요. 각 전시실의 벽은 이동 가능하여, 유연한 전시 구성이 가능하도록 설계되었어요. 그리고 저층부에는 갤러리와 카페가 있어, 지역 주민들과 방문객들이 소통하고 사회적 활동을 할 수 있는 공간으로 활용되도록 상시 무료 개방되고 있어요.

4) 접근성과 친환경성

친환경적인 건축 방식으로 설계되어 있으며, 휠체어 사용자와 시각 장애인을 위한 시설이 마련되어 있어 모든 방문객이 편리하게 이용할 수 있도록 배려했어요.

② 유후시 관광정보 센터 - 반 시계루

유후인 지역의 경관과 조화를 이루며, 단순한 정보 제공 공간을 넘어, 지역 문화와 자연을 경험할 수 있는 특별한 장소로 자리 잡았어요.

유후인역

1) 구조와 디자인

Y자 형태의 입체적인 목조 기둥이 특징인데요. 이 기둥은 건물의 지붕을 지탱하며, 고딕 양식의 교회를 연상시키는 대칭적인 패턴을 형성하고 있어요. 그리고 거의 전면이 유리로 이루어져 있어, 자연광이 내부로 풍부하게 들어와요. 낮에는 밝은 분위기를 연출하고, 밤에는 내부 조명이 외부로 비추어 멋진 야경을 만들어 내고 있어요.

2) 기능적 공간

1층은 관광 안내소와 숙박 예약 서비스, 자전거 대여 등 다양한 관광 관련 서비스를 제공하며, 수하물 보관 서비스도 운영하고 있어요. 2층은 유후다케를 바라볼 수 있는 전망 덱과 약 1,500권의 여행 관련 도서를 소장한 '여행 도서관'이 있어 방문객들이 편안하게 쉴 수 있는 공간도 마련되어 있어요.

3) 환경적 조화

반의 디자인 철학인 자연을 닮은 유기적인 형태와 재료 사용에 기반하여, 인간과 자연 간의 경계를 허무는 편안한 공간을 창출하는 데 중점을 둬서 주변 환경과 잘 어우러지도록 설계되었어요.

3 유스하라 지역 건축물 - 쿠마 켄고

쿠마 켄고가 설계한 고치현 유스하라의 건축물들은 그 지역의 자연 환경과 문화적 맥락을 반영하며, 지속 가능한 건축의 모범 사례로 평가받고 있어요. 현대와 전통, 그리고 자연과 인간의 조화를 이루는 특별한 장소로 자리잡게 하는 데 기여하고 있어요. 쿠마 켄고를 진하게 느끼고 싶다면 유스하라를 방문해 보세요.

1) 구름 위의 갤러리 (Kumo no Ue Gallery)

일본 전통 목조 건축 공법인 '두공'을 사용하여 현지 삼나무로 구성된 이 갤러리는 다리 형태로, 주변 숲과 조화를 이루며 자연광을 효과적으로 활용하고 있어요. 내부는 나뭇가지처럼 햇살이 비치는 독특한 구조를 가지고 있어요.

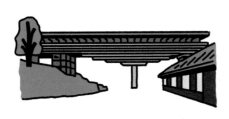 

2) 구름 위의 도서관 (Yusuhara Chōri Library)

'사람과 자연의 공존'이라는 주제로 설계된 이 도서관은 편안한 바닥재와 소파를 배치하여 방문객들이 자유롭게 쉴 수 있는 공간이에요. 격자형 목재 천장에 내부는 나무 숲을 바라보는 듯한 느낌을 느낄 수 있어요.

3) 유스하라 초 종합청사 (Yusuhara Town Hall)

지역 목재를 사용하여 외벽을 구성하고, 불규칙하게 배치된 유리창으로 자연채광을 극대화했어요.

4) 유루리 유스하라 (Yururi Yusuhara)

복지 시설로서 다양한 기능을 갖춘 이 건물은 유스하라의 삼나무와 수제 화지를 사용하여 따뜻하고 친숙한 분위기를 조성하고 있어요. 각 공간마다 개방적인 창문이 있어 자연경관을 감상할 수 있어요.

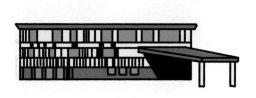 

4 구마모토 역사 - 안도 타다오

구마모토 성의 역사적 맥락과 자연환경을 반영하여 설계되었어요. 자연과 역사, 현대성이 조화롭게 어우러진 공간으로 단순히 교통시설을 넘어 지역 문화와 역사에 대한 깊은 이해를 느낄 수 있어요. 기존의 안도의 작품과는 또 다른 매력을 느낄 수 있는 작품이에요.

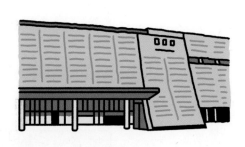 

1) 차분하고 웅장한 외관

화려한 장식이나 복잡한 구조물 대신 단순하면서도 웅장한 외관 디자인을 볼 수 있는데요. 이는 안도의 미니멀리즘적 접근을 잘 보여주는 부분이에요.

2) 폐쇄성과 성벽 개념

안도의 특징적인 폐쇄적 디자인이 적용되어 있으며, 이는 성벽(구마모토 성)이라는 키워드와도 일맥상통해요. 이러한 디자인은 역사의 기능성과 상징성을 동시에 강조하고 있어요.

3) 지역성 반영

구마모토의 지역적 특성과 명소를 건축 디자인에 연결시켜, 역사가 단순한 교통 시설을 넘어 지역을 대표하는 랜드마크로 기능하도록 했어요.

5 바람의 언덕 화장장 - 마키 후미히코

오이타현 나가쓰시의 '바람의 언덕'은 화장장이라는 공간을 단순한 기능적 시설이 아닌, 시민들이 즐길 수 있는 공공 공간으로 재해석했어요. 이는 마키의 건축물은 사회와 어우러져야 한다는 철학을 잘 보여주고 있어요.

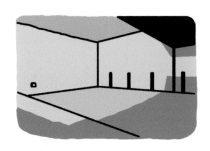 

1) 공원 같은 외관

일반적인 화장장의 모습을 탈피하여 고즈넉한 공원과 같은 외관을 갖추고 있어요. 이는 화장장에 대한 부정적인 인식을 줄이고, 주변 환경과 조화를 이루도록 설계된 것이에요.

2) 보행자 중심 설계

마키의 철학에 따라, 보행자의 시점에서 공간을 조직하고 있어요. 이는 단순히 시각적인 측면뿐만 아니라 공간의 구체성과 영역성을 고려한 설계라고 할 수 있어요.

3) 확장성과 멀티디렉션

공간이 여러 방향으로 확장되는 멀티디렉션 건축의 특징을 보이는데요. 이는 건물이 중심으로 응집되는 것이 아니라 주변 환경으로 확장되는 느낌을 줘요.

4) 명상과 애도의 공간

내부는 명상 시설과 같은 분위기를 자아내어, 방문객들이 죽음과 이별을 차분히 고찰할 수 있는 공간을 만들었어요.

5) 주변 환경과의 조화

마키의 '장소성' 철학이 반영되어, 화장장이 주변 사회와 어우러지도록 설계되어서, 화장장 주변 잔디밭에서는 아이들이 뛰어놀 수 있을 정도로 개방적인 분위기를 갖추고 있어요.

6) 역사적 맥락

아이하라산의 고분이 있는 '바람의 언덕 사적공원'에 위치하고 있어, 일본의 고대 매장 문화와 현대의 화장 문화가 공존하는 독특한 장소성을 지니고 있어요.

일본어정복

 이번 강에서는 일본어의 수동형을 배울 거예요.

 수동이라면 능동의 상대적인 개념이겠네요.

 맞아요. 스스로 어떤 동작을 하는 것이 아니라, '동작+당하다', '동작 +해지다'의 의미로 사용하는 형태예요.

 개에게 '물리다', 독자에게 '읽히다' 이런 거네요.

1 1그룹 동사

동사 원형		동사 수동형 마지막 글자를 あ단으로 바꾸고 れる를 붙임 (う->わ)	
かむ	물다	かまれる	물리다
怒る	화내다	怒られる	혼나다
言う	말하다	言われる	말을 듣다, 한 소리 듣다
落とす	떨어뜨리다	落とされる	떨어뜨려지다
読む	읽다	読まれる	읽게 하다

 1그룹 동사는 마지막 글자를 あ단으로 바꾸고 れる를 붙이면 돼요.

 그렇다면 かむ는 かまれる가 되는 건가요? 그리고 かむ가 '물다' 라는 동사이니까 かまれる는 '물리다'라는 의미겠네요.

6강에서의 사역형 때와 마찬가지로 う로 끝나는 동사는 あ단을 あ 가 아닌 わ로 바꿔야 하니 각별히 주의하세요!

2 2그룹 동사

동사 원형		동사 수동형 어미 る를 지우고 られる를 붙임	
<ruby>見<rt>み</rt></ruby>る	보다	<ruby>見<rt>み</rt></ruby>られる	(상대에게)보이다
<ruby>褒<rt>ほ</rt></ruby>める	칭찬하다	<ruby>褒<rt>ほ</rt></ruby>められる	칭찬받다
いじめる	괴롭히다	いじめられる	괴롭힘 당하다
<ruby>建<rt>た</rt></ruby>てる	세우다, 짓다	<ruby>建<rt>た</rt></ruby>てられる	지어지다
<ruby>食<rt>た</rt></ruby>べる	먹다	<ruby>食<rt>た</rt></ruby>べられる	먹히다

 이번에는 2그룹 동사의 수동형을 만들어 볼 텐데요. 역시 이번에도 2 그룹 동사는 간단하게 수동형으로 만들 수 있어요.

 마지막 글자 る를 지우고 뭔가를 붙이겠네요.

 맞아요! 어미 る를 지우고 られる를 붙여요. 동사 '먹다'의 食べる 는 마지막 글자 る를 지우고 られる를 붙이면 食べられる가 되는 거예요.

 잠깐만요! 그러면 4권 6강에서 배운 2그룹 동사의 가능형이랑 형태 가 같은데요?

 형태만 같고 다른 뜻이라서 문장에서 의미상 구분이 충분히 가능하니 걱정 마세요!

3 3그룹 동사

동사 원형		동사 수동형	
する	하다	される	당하다
<ruby>来<rt>く</rt></ruby>る	오다	<ruby>来<rt>こ</rt></ruby>られる	오는 것을 당하다

 3그룹 동사는 する와 来る밖에 없지만 어간의 읽는 방법이 바뀌니까 주의하세요.

4 동작 + 당하다

 민폐 등의 부정적 또는 긍정적인 영향을 받은 경우의 수동형 문장을 볼 건데요. 수동형 문장에서 행위자는 조사 に와 함께 표현해요.

 우리말 해석을 잘 살펴봐야겠네요.

 간혹 우리말로는 직역이 어색한 경우도 있어요.

<ruby>珍<rt>めずら</rt></ruby>しく、<ruby>先生<rt>せんせい</rt></ruby>に<ruby>褒<rt>ほ</rt></ruby>められた。

<ruby>珍<rt>めずら</rt></ruby>しく	<ruby>先生<rt>せんせい</rt></ruby>に	<ruby>褒<rt>ほ</rt></ruby>められた
드물게	선생님께	칭찬받았다

 '칭찬하다'의 <ruby>褒<rt>ほ</rt></ruby>める 동사의 수동형을 사용했어요.

1) 시험 중에 컨닝을 해버린 것이 알려져 버렸다.

試験中（しけんちゅう）にカンニングをしてしまったことが知（し）られてしまった。

試験中（しけんちゅう）に	カンニングを	してしまったことが	知（し）られてしまった
시험 중에	컨닝을	해버린 것이	알려져 버렸다

 '알다'의 知（し）る 동사의 수동형을 사용했어요. 그리고 3권 4강에서 배운 동작의 완료 표현인 동사 て형+しまう를 사용했어요.

2) 내 의견은 무시되었다.

私（わたし）の意見（いけん）は無視（むし）された。

私（わたし）の意見（いけん）は	無視（むし）された
내 의견은	무시되었다

 '무시하다'의 無視（むし）する 동사의 수동형을 사용했어요.

3) 실수를 해서, 친구에게 비웃음을 당했습니다.

ミスをして、友達（ともだち）に笑（わら）われました。

ミスをして	友達（ともだち）に	笑（わら）われました
실수를 해서	친구에게	비웃음을 당했습니다

 '웃다'의 笑（わら）う 동사의 수동형을 사용했어요.

5 동작 + 해 지다

 이번에는 주어가 무생물이거나, 일반적인 사실에 사용하는 수동형 문장을 살펴볼게요.

この<ruby>建物<rt>たてもの</rt></ruby>は100<ruby>年前<rt>ひゃくねんまえ</rt></ruby>に<ruby>建<rt>た</rt></ruby>てられた。

この建物は	100年前に	建てられた
이 건물은	100년 전에	지어졌다

 '짓다'의 <ruby>建<rt>た</rt></ruby>てる 동사의 수동형을 사용했어요.

1) 이번 회의는 부산에서 열렸다.
<ruby>今回<rt>こんかい</rt></ruby>の<ruby>会議<rt>かいぎ</rt></ruby>はプサンで<ruby>開<rt>ひら</rt></ruby>かれた。

今回の会議は	プサンで	開かれた
이번 회의는	부산에서	열렸다

 '열리다'의 <ruby>開<rt>ひら</rt></ruby>く 동사의 수동형을 사용했어요.

2) 셰익스피어는 전 세계에서 읽히고 있습니다.
シェイクスピアは<ruby>世界中<rt>せかいじゅう</rt></ruby>で<ruby>読<rt>よ</rt></ruby>まれています。

シェイクスピアは	世界中で	読まれています
셰익스피어는	전 세계에서	읽히고 있습니다

 '읽다'의 <ruby>読<rt>よ</rt></ruby>む 동사의 수동형을 사용했어요.

3) 이 소프트웨어는 많은 기업에서 사용됩니다.

このソフトウェアは多くの企業で使用されます。

このソフトウェアは	多くの企業で	使用されます
이 소프트웨어는	많은 기업에서	사용됩니다

 '사용하다'의 使用する 동사의 수동형을 사용했어요.

문법정리

동사 원형의 마지막 글자를 지우고 수동형을 만드는 장치

그룹	원형의 마지막 글자	수동형을 만드는 장치
1그룹	う*	われる*
	つ	たれる
	る	られる
	ぬ	なれる
	ぶ	ばれる
	む	まれる
	く	かれる
	ぐ	がれる
	す	される
예외 1그룹	る	られる
2그룹	る	られる
3그룹	する	される
	来る	来られる

*う로 끝나는 동사는 あ단을 わ로 바꿔야 하니 주의

다음 빈칸에 가장 적절한 단어를 골라 문장을 완성하시오.

1) 昨日友達に _____ 、勉強できませんでした。

어제 친구가 와서 공부를 할 수 없었습니다.

① 来られて ② 来られる ③ 来されて

2) 毎日書いている日記を友人に _____ 。

매일 쓴 일기를 친구가 (훔쳐)봤다.

① 見られた ② 見た ③ 見させた

3) 急に雨に _____ 、傘がなかった。

갑자기 비가 내려서(내림을 당해서) 우산이 없었다.

① 降って ② 降られて ③ 降らせて

4) この絵は有名な画家に _____ 。

이 그림은 유명한 화가에 의해 그려졌습니다.

① 描きました　② 描かせました　③ 描かれました

5) 新しい法律が国会で _____ 。

새로운 법률이 국회에서 가결되었습니다.

① 可決されました　② 可決しました　③ 可決させました

6) その問題は学生たちによって _____ 。

그 문제는 학생들에 의해 해결되었습니다.

① 解決しました　② 解決させました　③ 解決されました

1) 昨日友達に _____、勉強できませんでした。

어제 친구가 와서 공부를 할 수 없었습니다.

---

① 来られて　② 来られる　③ 来されて

昨日友達に来られて、勉強できませんでした。

---

2) 毎日書いている日記を友人に _____ 。

매일 쓴 일기를 친구가 (훔쳐)봤다.

---

① 見られた　② 見た　③ 見させた

毎日書いている日記を友人に見られた。

---

3) 急に雨に _____、傘がなかった。

갑자기 비가 내려서(내림을 당해서) 우산이 없었다.

---

① 降って　② 降られて　③ 降らせて

急に雨に降られて、傘がなかった。

4) この絵は有名な画家に _____ 。

이 그림은 유명한 화가에 의해 그려졌습니다.

①描きました　②描かせました　③描かれました

この絵は有名な画家に描かれました。

5) 新しい法律が国会で _____ 。

새로운 법률이 국회에서 가결되었습니다.

①可決されました　②可決しました　③可決させました

新しい法律が国会で可決されました。

6) その問題は学生たちによって _____ 。

그 문제는 학생들에 의해 해결되었습니다.

①解決しました　②解決させました　③解決されました

その問題は学生たちによって解決されました。

8강

일본의 유명 건축가가 설계한 숙박업소

사역수동형

오늘따라 컨디션이
무척 안 좋아 보이네요.

아….

아… 저요?

네, 그럼 누구….

아, 그저께 삿포로를 다녀왔는데요.

오랜만에 옛날 친구를 만났더니

친구가 억지로 술을 마시게 했다.[1]

한 잔 더!

숙취가 너무 심하네요.

털썩

그러지 말고 산책이라도 하는 건 어때요?

어때요?

걸으니까 좀 괜찮죠?

훨씬 좋아졌어요.

아름다운 경치에 행복감을 느끼게 되었습니다.[2]

그리고 덕분에 소화도 돼서 다시 식욕도 생겨요.

아니 이 소리는??

빠옹~~

빠옹빠옹~~

앗!!
고양이가…

빠옹빠옹~~

배고픈가?
너무 구슬프게 우는데 줄 게 없네….

쌩~

유링유링 유리링!!
고양이 간식아 나와라~!

짠!

옳지, 옳지.

아까 분명 오늘 주문 할당량을
다 썼다고 하지 않았나요….

이런 귀여운 비상 상황을
위해 조금 남겨 뒀어요.

유링유링 유리링!!
고양이 낚싯대!

그냥 쓰기
싫었나 보네….

일본의 유명 건축가가 설계한 숙박업소 중에서 5곳을 소개할게요.

1 에이스 호텔 교토 Ace Hotel Kyoto - 쿠마 켄고

교토의 역사와 문화를 현대적으로 재해석한 이 호텔은 1926년에 지어진 구 교토 중앙전화국을 리모델링하여 설계되었으며, 신풍관 프로젝트의 일환으로 진행되었어요. 현대적 편안함과 전통적 아름다움을 조화롭게 결합하고 있어서 단순한 숙박 공간 이상의 의미를 지니며, 지역 사회와의 연결을 통해 새로운 문화 플랫폼으로 자리 잡고 있어요.

1)전통과 현대의 융합

일본 전통 건축인 '마치야'에서 영감을 받아 현대적인 디자인을 적용했어요. 이는 교토의 고유한 역사와 문화를 존중하면서도 현대적인 요소를 결합하는 방식으로, 과거와 미래를 연결하는 역할을 해요.

2)자연 소재의 활용

쿠마의 디자인 원칙 중 하나는 자연 소재를 적극적으로 활용하는 것인데요. 공간에 자연광을 최대한 끌어들이고, 자연과의 상호작용을 강조했어요.

3) 안뜰 정원

호텔 내부에는 도심에서 자연을 즐길 수 있는 안뜰 정원이 있어, 습도가 높은 교토에서 실내 환기를 용이하게 했어요. 이는 도시 생활 속에서 자연을 경험할 수 있는 공간이기도 해요.

4) 커뮤니티 중심의 디자인

지역 주민과 관광객이 함께 사용할 수 있는 커뮤니티 공간으로 설계되었어요. 로비는 지역민들이 모일 수 있는 장소로 개방되어 있으며, 지역 아티스트와 장인의 작품이 전시되기도 해요.

5) 상업 시설 통합

20여 개의 상점과 영화관 등 다양한 시설이 포함된 복합 상업 공간으로 구성되어 있어, 다양한 문화를 체험할 수 있어요.

가라스마오이케역

2 호시노 리조트 카이 유후인(Hoshino Resorts Kai Yufuin) - 쿠마 켄코

쿠마 켄고의 건축 철학인 자연 친화적, 지역성, 그리고 '작은 건축'의 개념을 잘 보여주고 있어요. 유후인의 전원 풍경을 느끼게 해주는 계단식 논을 모티브로, 건축재료는 이 지역 특유의 전통 공예나 자연 소재를 채용했어요.

유후인역

1) 자연과의 조화

유후인의 전원풍경인 계단식 논을 중심으로 설계되었고, 이는 쿠마 켄고의 자연과의 조화를 중시하는 철학을 반영해요.

2) 지역성 반영

유후인의 특별한 풍경을 살려 계절의 변화를 보여주는 설계로, 지역의 특성을 건축에 녹였어요. 농가처럼 디자인한 건물에는 긴 처마 밑에 툇마루가 펼쳐져 있어, 느긋하게 앉아서 계단식 논을 바라보며 평화로운 시간을 보낼 수 있어요.

3) '작은 건축' 개념 적용

쿠마 켄고의 '작은 건축' 철학이 적용되어, 대규모 시설임에도 불구하고 인간의 손이 닿을 수 있는 단위의 건축을 지향했어요.

4) 지속가능성 고려

벼농사 절기에 따라 변하는 사계절 풍경을 바라보며 계절에 따라 변화하는 풍경을 통해 시간의 흐름을 반영하고, 장기적인 관점에서 공간을 설계했어요.

5) 치유와 힐링 공간 창출

온천과 계단식 논의 서정적인 풍경을 통해 방문객들에게 치유의 시간을 제공하는 공간을 만들어서 일본의 자연과 전통, 문화를 한번에 느낄 수 있어요.

3 세토우치 리트리트 아오나기(Setouchi Retreat Aonagi) - 안도 타다오

'미니멀 럭셔리'라는 콘셉트 아래, 단 7개의 스위트룸으로 구성되어 있으며, 각각의 객실은 완전한 프라이버시를 제공하기 위해 한 층을 독점적으로 사용해요.

1) 노출 콘크리트

안도의 대표적인 스타일인 노출 콘크리트는 주요 특징 중 하나로, 단순함과 힘을 조화롭게 결합하여, 공간에 품위를 더했어요. 건물은 자연광을 최대한 활용하여 시간과 계절에 따라 다양한 분위기를 즐길 수 있어요.

2) 자연과의 조화

콘크리트 구조물이 주변 자연 환경과 상호작용하도록 설계되어 있어, 방문객들은 자연의 아름다움과 건축의 미를 동시에 경험할 수 있어요.

3) 인피니티 풀

호텔의 시설 중 하나인 '더 블루' 인피니티 풀은 세토내해를 바라보며 길게 뻗어 있어요. 이 수영장은 바다와 하늘이 만나는 경계를 흐릿하게 만들어, 마치 수영하는 동안 바다에 떠 있는 듯한 기분을 느낄 수 있어요.

4) 미니멀한 디자인

불필요한 장식을 제거하고 공간 자체의 미를 강조했어요. 이러한 미니멀리즘은 고급스러움을 더욱 부각시키며, 숙박객들에게 편안함과 고요함을 만끽하게 해 줘요.

5) 스파 및 갤러리 공간

스파와 갤러리 같은 다양한 시설이 마련되어 있어, 숙박객들은 휴식뿐만 아니라 문화적 경험도 누릴 수 있는데요. 이러한 공간들은 모두 숙박객 전용으로 설계되어 있어요.

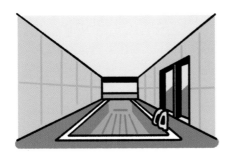

이와이

4 더 신몬젠(The Shinmonzen) - 안도 타다오

전통과 현대를 융합한 단순한 숙박 시설을 넘어, 문화적 경험을 제공하는 복합적인 공간이에요.

기온시조역

1) 외관 디자인

호텔의 외관은 교토의 전통적인 건축 양식을 존중해서 어두운 목조 건물로 구성되어, 주변의 전통 건물들과 조화를 이루고 있어요. 유일하게 눈에 띄는 현대적 요소는 2층에 위치한 널찍한 유리창이에요.

2) 내부 구조

호텔 내부에 들어서면 외관과는 완전히 다른 현대적인 분위기를 경험할 수 있는데요. 안도의 시그니처인 노출 콘크리트가 사용되어 독특한 공간감을 연출해요. 이러한 대비는 전통과 현대의 조화를 극대화하는 효과를 냈어요.

3) 공간 구성

교토의 격자 모양 거리를 반영한 설계와 현대적 미니멀리즘을 도입하면서 자연광을 최대한 활용하여 시간에 따라 변화하는 공간을 연출했어요. 또한 규슈산 돌을 사용하여 자연과의 조화를 강조하는 등 교토의 자연과 문화 유산을 최대한 활용해서 구성했어요.

4) 철학적 접근

안도는 이 호텔을 통해 교토의 전통과 유산을 존중하면서도 현대 여행자의 욕구를 충족시키는 공간을 만들고자 했어요.

5 쇼나이 호텔 스이덴 테라스(Shonai Hotel Suidente Terrasse) - 반 시게루

자연과의 조화를 강조하며, 주변의 논 풍경을 최대한 활용한 독특한 디자인으로 주목받고 있어요.

쓰루오카시

1) 설계 개념

스이덴 테라스는 '논 위에 떠 있는 듯한 느낌'을 주도록 설계되었어요. 이는 호텔이 위치한 지역이 일본에서 유명한 쌀 생산지로, 드넓은 논 경관을 배경으로 하고 있기 때문인데요. 반은 이곳의 자연 환경을 모티브로 그 아름다움을 건축학적으로 해석하는 설계를 구상했어요.

2) 건축 구조

2층짜리 목조 건물 다섯 동으로 구성되어 있으며, 총 119개의 객실을 갖추고 있어요. 각 객실은 나무로 만들어진 아늑한 공간으로 설계되어 있어, 사방으로 펼쳐진 논 풍경을 감상할 수 있어요. 이러한 구조는 자연과의 연결성을 강조하며, 숙박객에게는 힐링을 선사할 수 있어요.

3) 자연 채광과 공간 활용

로비와 공용 공간은 '통유리 벽면'으로 되어 있어 자연광이 풍부하게 들어와요. 이는 내부 공간을 밝고 개방감 있게 만들어 주며, 방문객들이 자연과 더욱 가까워질 수 있도록 해줘요.

4) 온천 시설

호텔 내 온천은 논 경관을 바라보며 즐길 수 있어요.

5) 환경 친화적 접근

반은 환경 친화적인 건축에 중점을 두고 있으며, 자연 재료인 목재를 주로 사용하여 지속 가능성을 고려했어요.

 이번 강에서는 사역수동형을 배울 거예요.

 사역형도 배웠고 수동형도 배웠는데, 이번에는 그 둘을 합친 개념인가요?

 비슷해요. 형태는 사역형을 수동형으로 만든다고 생각하면 되고, 의미는 크게 두가지가 있는데, '(억지로)동작하게 하다'와 '(자연스럽게) 감정이 일어나게 되다'예요.

 '억지로 운동하게 했다'라든지 '맛있는 탕수육을 영접해서 감동받게 됐다'. 이런 느낌?

 맞아요. 그런 뉘앙스에 사용할 수 있는 용법이에요.

1 1그룹 동사

 1그룹 동사는 마지막 글자를 あ단으로 바꾸고 せられる를 붙이면 돼요.

 그렇다면 飲む는 飲ませられる가 되는 건가요? 그리고 飲む가 '마시다'라는 동사이니까 飲ませられる는 '억지로 마시게 하다'라는 의미겠네요.

 6강에서의 사역형 때와 마찬가지로 う로 끝나는 동사는 あ단을 あ가 아닌 わ로 바꿔야 해요. 그리고 또 하나! 이 표현은 형태가 너무 복잡하다보니, 회화에서는 す로 끝나는 동사를 제외하고는 せられる 대신에 される를 붙여도 돼요.

す로 끝나는 동사를 제외하고는 される를 붙여도 된다면, 좀 더 간단하게 만들 수 있겠네요!

동사 원형		동사 사역수동형 마지막 글자를 あ단으로 바꾸고 せられる를 붙임 (う->わ)	
<ruby>習<rt>なら</rt></ruby>う	배우다	<ruby>習<rt>なら</rt></ruby>わせられる (<ruby>習<rt>なら</rt></ruby>わされる)	(억지로)배우게 하다
<ruby>飲<rt>の</rt></ruby>む	마시다	<ruby>飲<rt>の</rt></ruby>ませられる (<ruby>飲<rt>の</rt></ruby>まされる)	(억지로)마시게 하다
<ruby>待<rt>ま</rt></ruby>つ	기다리다	<ruby>待<rt>ま</rt></ruby>たせられる (<ruby>待<rt>ま</rt></ruby>たされる)	(억지로)기다리게 하다
<ruby>行<rt>い</rt></ruby>く	가다	<ruby>行<rt>い</rt></ruby>かせられる (<ruby>行<rt>い</rt></ruby>かされる)	(억지로)가게 하다
<ruby>話<rt>はな</rt></ruby>す	말하다	<ruby>話<rt>はな</rt></ruby>させられる	(억지로)이야기하게 하다

*단, す로 끝나는 동사를 제외하고는 せられる 대신에 される를 붙여도 됨(회화적 용법)

 <ruby>話<rt>はな</rt></ruby>す는 す로 끝나는 동사니까 される를 붙일 수 없는 거군요!

2 2그룹 동사

 이번에는 2그룹 동사의 사역수동형을 만들어 볼 텐데요. 어미 る를 지우고 させられる를 붙여요. 동사 '먹다'의 <ruby>食<rt>た</rt></ruby>べる는 마지막 글자 る를 지우고 させられる를 붙이면 食べさせられる가 되는 거예요.

 좀 복잡하네요. 입에 붙이려면 여러 번 소리 내서 말하기 연습을 해야겠어요!

동사 원형		동사 사역수동형 어미 る를 지우고 させられる를 붙임	
見る	보다	見させられる	(억지로)보게 하다
着る	입다	着させられる	(억지로)입게 하다
辞める	그만두다	辞めさせられる	(억지로)그만두게 하다
食べる	먹다	食べさせられる	(억지로)먹게 하다

3 3그룹 동사

 3그룹 동사는 する와 来る밖에 없지만 어간의 읽는 방법이 바뀌니까 주의하세요.

동사 원형		동사 사역수동형	
する	하다	させられる	(억지로)하게 하다
来る	오다	来させられる	(억지로)오게 하다

4 (억지로) 동작하다

 '~하게 함을 당하다' 또는 '억지로 ~하게 되다'라는 의미로, 타인이나 외부 상황에 의해 자신의 의사와 관계없이 어떤 행동을 어쩔 수 없이 하게 되는 상황을 표현하는 거예요.

 누가 시켜서 억지로 한다는 뉘앙스로 사용하는 거네요.

 주로 부정적인 느낌을 표현하는 데 사용되니까 상황에 맞게 사용해야 해요.

<ruby>友<rt>とも</rt>達<rt>だち</rt></ruby>に<ruby>酒<rt>さけ</rt></ruby>を<ruby>飲<rt>の</rt></ruby>ませられた(<ruby>飲<rt>の</rt></ruby>まされた)。

<ruby>友<rt>とも</rt>達<rt>だち</rt></ruby>に	<ruby>酒<rt>さけ</rt></ruby>を<ruby>飲<rt>の</rt></ruby>ませられた
친구가	억지로 술을 마시게 했다

 '마시다'의 <ruby>飲<rt>の</rt></ruby>む동사의 사역수동형을 사용했어요. 그리고 회화체라면 <ruby>飲<rt>の</rt></ruby>ませられた가 아니라 <ruby>飲<rt>の</rt></ruby>まされた라고 할 수 있어요.

1) 나는 상사에 의해 억지로 휴일 출근을 하게 되었습니다.

<ruby>私<rt>わたし</rt></ruby>は<ruby>上司<rt>じょうし</rt></ruby>に<ruby>休日出勤<rt>きゅうじつしゅっきん</rt></ruby>させられました。

<ruby>私<rt>わたし</rt></ruby>は	<ruby>上司<rt>じょうし</rt></ruby>に	<ruby>休日出勤<rt>きゅうじつしゅっきん</rt></ruby>させられました
나는	상사에 의해	억지로 휴일 출근을 하게 되었습니다

 '출근하다'의 <ruby>出勤<rt>しゅっきん</rt></ruby>する동사의 사역수동형을 사용했어요.

2) 그는 의사에 의해 억지로 금연을 하게 되었습니다.

彼<ruby>かれ</ruby>は医者<ruby>いしゃ</ruby>に禁煙<ruby>きんえん</ruby>させられました。

彼<ruby>かれ</ruby>は	医者<ruby>いしゃ</ruby>に	禁煙<ruby>きんえん</ruby>させられました
그는	의사에 의해	억지로 금연을 하게 되었습니다

 '금연하다'의 禁煙<ruby>きんえん</ruby>する 동사의 사역수동형을 사용했어요.

3) 어머니에 의해 억지로 채소를 먹게 되었습니다.

母<ruby>はは</ruby>に野菜<ruby>やさい</ruby>を食<ruby>た</ruby>べさせられました。

母<ruby>はは</ruby>に	野菜<ruby>やさい</ruby>を食<ruby>た</ruby>べさせられました
어머니에 의해	억지로 채소를 먹게 되었습니다

 '먹다'의 食<ruby>た</ruby>べる 동사의 사역수동형을 사용했어요.

5 (자연스럽게) 감정이 일어나게 되다

 사역수동형은 강제적인 행동뿐만 아니라 자연스럽게 감정이 일어나는 상황을 표현할 때도 사용해요. 즉 의지와 관계없이 감정이 저절로 일어나는 것인데요.

 그 감정이 자연스럽게 솟아난다는 뉘앙스겠네요.

<ruby>美<rt>うつく</rt></ruby>しい<ruby>景色<rt>けしき</rt></ruby>を<ruby>見<rt>み</rt></ruby>て<ruby>幸<rt>しあわ</rt></ruby>せを<ruby>感<rt>かん</rt></ruby>じさせられました。

<ruby>美<rt>うつく</rt></ruby>しい<ruby>景色<rt>けしき</rt></ruby>を<ruby>見<rt>み</rt></ruby>て	<ruby>幸<rt>しあわ</rt></ruby>せを	<ruby>感<rt>かん</rt></ruby>じさせられました
아름다운 경치에	행복감을	느끼게 되었습니다

 '느끼다'의 感じる 동사의 사역수동형을 사용했어요.

1) 친구의 지지에 안심하게 되었습니다.

<ruby>友人<rt>ゆうじん</rt></ruby>の<ruby>支<rt>ささ</rt></ruby>えに<ruby>安心<rt>あんしん</rt></ruby>させられました。

<ruby>友人<rt>ゆうじん</rt></ruby>の<ruby>支<rt>ささ</rt></ruby>えに	<ruby>安心<rt>あんしん</rt></ruby>させられました
친구의 지지에	안심하게 되었습니다

 '안심하다'의 安心する 동사의 사역수동형을 사용했어요.

2) 열심히 공부하지 않았던 것을 굉장히 후회하게 되었다.

一生懸命勉強しなかったことにすごく後悔させられた。

一生懸命	勉強しなかったことに	すごく後悔させられた
열심히	공부하지 않았던 것을	굉장히 후회하게 되었다

 '후회하다'의 後悔する 동사의 사역수동형을 사용했어요.

3) 나는 그 뉴스에 놀라게 되었다.

私はそのニュースに驚かされた。

私は	そのニュースに	驚かされた
나는	그 뉴스에	놀라게 되었다

 '놀라다'의 驚く 동사의 사역수동형을 사용했어요.

✏️ **문법정리**

- -

동사 원형의 마지막 글자를 지우고 사역수동형을 만드는 장치

그룹	원형의 마지막 글자	사역수동형을 만드는 장치
1그룹	う*	わせられる*(わされる)
	つ	たせられる(たされる)
	る	らせられる(らされる)
	ぬ	なせられる(なされる)
	ぶ	ばせられる(ばされる)
	む	ませられる(まされる)
	く	かせられる(かされる)
	ぐ	がせられる(がされる)
	す	させられる
예외 1그룹	る	らせられる(らされる)
2그룹	る	させられる
3그룹	する	させられる
	来る	来させられる

*う로 끝나는 동사는 あ단을 わ로 바꿔야 하니 주의

다음 빈칸에 가장 적절한 단어를 골라 문장을 완성하시오.

1) 私は友達に2時間も _____ 。

나는 친구에 의해 억지로 2시간이나 기다리게 되었습니다.

> ① 待たせられました　② 待たせました　③ 待たれました

2) 私は先生にレポートを _____ 。

나는 선생님에 의해 억지로 리포트를 쓰게 되었습니다.

> ① 書かせました　② 書かれました　③ 書かせられました

3) 私は上司に _____ 。

나는 상사에 의해 억지로 야근하게 되었다.

> ① 残業させた　② 残業させられた　③ 残業された

4) 彼^{かれ}は上司^{じょうし}に _____ 。

그는 상사에 의해 억지로 전근을 가게 됐습니다.

① 転勤^{てんきん}させられました　② 転勤^{てんきん}させました　③ 転勤^{てんきん}されました

5) 彼^{かれ}の話^{はなし}を聞^きいて _____ 。

그의 이야기를 듣고 감동하게 되었다.

① 感動^{かんどう}させられた　② 感動^{かんどう}させた　③ 感動^{かんどう}された

6) 友人^{ゆうじん}の成功^{せいこう}に _____ 。

친구의 성공에 기뻐하게 되었다.

① 喜^{よろこ}ばされた　② 喜^{よろこ}ばれた　③ 喜^{よろこ}ばせた

1) 私^{わたし}は友達^{ともだち}に2時間^{じかん}も _____ 。

나는 친구에 의해 억지로 2시간이나 기다리게 되었습니다.

---

① 待^またせられました　② 待^またせました　③ 待^またれました

私^{わたし}は友達^{ともだち}に2時間^{じかん}も待^またせられました。

---

2) 私^{わたし}は先生^{せんせい}にレポートを _____ 。

나는 선생님에 의해 억지로 리포트를 쓰게 되었습니다.

---

① 書^かかせました　② 書^かかれました　③ 書^かかせられました

私^{わたし}は先生^{せんせい}にレポートを書^かかせられました。

---

3) 私^{わたし}は上司^{じょうし}に _____ 。

나는 상사에 의해 억지로 야근하게 되었다.

---

① 残業^{ざんぎょう}させた　② 残業^{ざんぎょう}させられた　③ 残業^{ざんぎょう}された

私^{わたし}は上司^{じょうし}に残業^{ざんぎょう}させられた。

---

4) 彼^{かれ}は上司^{じょうし}に ＿＿＿＿＿＿＿＿＿＿ 。

그는 상사에 의해 억지로 전근을 가게 됐습니다.

① 転勤^{てんきん}させられました　② 転勤^{てんきん}させました　③ 転勤^{てんきん}されました

彼^{かれ}は上司^{じょうし}に転勤^{てんきん}させられました。

5) 彼^{かれ}の話^{はなし}を聞^きいて ＿＿＿＿＿＿＿＿＿＿ 。

그의 이야기를 듣고 감동하게 되었다.

① 感動^{かんどう}させられた　② 感動^{かんどう}させた　③ 感動^{かんどう}された

彼^{かれ}の話^{はなし}を聞^きいて感動^{かんどう}させられた。

6) 友人^{ゆうじん}の成功^{せいこう}に ＿＿＿＿＿＿＿＿＿＿ 。

친구의 성공에 기뻐하게 되었다.

① 喜^{よろこ}ばされた　② 喜^{よろこ}ばれた　③ 喜^{よろこ}ばせた

友人^{ゆうじん}の成功^{せいこう}に喜^{よろこ}ばされた。

부록: JLPT N3 필수단어 100

1. 基本的 (기본적) 필수 단어

단어	읽는 법(후리가나)	의미
意見	いけん	의견
説明	せつめい	설명
準備	じゅんび	준비
確認	かくにん	확인
変更	へんこう	변경

2. 日常生活 (일상생활) 관련 단어

단어	읽는 법(후리가나)	의미
朝寝坊	あさねぼう	아침 늦잠
遅刻	ちこく	지각
残業	ざんぎょう	잔업
休憩	きゅうけい	휴식
約束	やくそく	약속

3. 感情·態度 (감정·태도) 관련 단어

단어	읽는 법(후리가나)	의미
驚く	おどろく	놀라다
怒る	おこる	화내다
喜ぶ	よろこぶ	기뻐하다
安心	あんしん	안심
我慢	がまん	참다, 인내

4. 移動·交通 (이동·교통) 관련 단어

단어	읽는 법(후리가나)	의미
到着	とうちゃく	도착
出発	しゅっぱつ	출발
乗り換え	のりかえ	갈아타기
渋滞	じゅうたい	정체
運転	うんてん	운전

5. 買い物·経済 (쇼핑·경제) 관련 단어

단어	읽는 법(후리가나)	의미
値段	ねだん	가격
割引	わりびき	할인
貯金	ちょきん	저금
請求	せいきゅう	청구
購入	こうにゅう	구입

6. 自然·環境 (자연·환경) 관련 단어

단어	읽는 법(후리가나)	의미
汚染	おせん	오염
資源	しげん	자원
気候	きこう	기후
災害	さいがい	재해
温暖化	おんだんか	온난화

7. 健康·医療 (건강·의료) 관련 단어

단어	읽는 법(후리가나)	의미
症状	しょうじょう	증상

診察	しんさつ	진찰
処方	しょほう	처방
予防	よぼう	예방
手術	しゅじゅつ	수술

8. 教育·学習 (교육·학습) 관련 단어

단어	읽는 법(후리가나)	의미
授業	じゅぎょう	수업
宿題	しゅくだい	숙제
合格	ごうかく	합격
失敗	しっぱい	실패
復習	ふくしゅう	복습

9. 社会·文化 (사회·문화) 관련 단어

단어	읽는 법(후리가나)	의미
法律	ほうりつ	법률
政治	せいじ	정치
伝統	でんとう	전통
国際	こくさい	국제
経済	けいざい	경제

10. 技術·科学 (기술·과학) 관련 단어

단어	읽는 법(후리가나)	의미
発明	はつめい	발명
研究	けんきゅう	연구
開発	かいはつ	개발

データ	-	데이터
機械	きかい	기계

11. 時間·期間 (시간·기간) 관련 단어

단어	읽는 법(후리가나)	의미
瞬間	しゅんかん	순간
期間	きかん	기간
将来	しょうらい	장래
最近	さいきん	최근
長期	ちょうき	장기

12. 場所·位置 (장소·위치) 관련 단어

단어	읽는 법(후리가나)	의미
周辺	しゅうへん	주변
中央	ちゅうおう	중앙
隅	すみ	구석
距離	きょり	거리
方向	ほうこう	방향

13. 様子·状態 (모양·상태) 관련 단어

단어	읽는 법(후리가나)	의미
普通	ふつう	보통
特別	とくべつ	특별
複雑	ふくざつ	복잡
簡単	かんたん	간단
正確	せいかく	정확

14. 動詞 (동사) 중요 표현

단어	읽는 법(후리가나)	의미
増える	ふえる	늘다
減る	へる	줄다
壊れる	こわれる	고장 나다
直す	なおす	고치다
選ぶ	えらぶ	선택하다

15. 形容詞 (형용사) 중요 표현

단어	읽는 법(후리가나)	의미
危険	きけん	위험
安全	あんぜん	안전
便利	べんり	편리
不便	ふべん	불편
賑やか	にぎやか	활기찬

16. 副詞 (부사) 중요 표현

단어	읽는 법(후리가나)	의미
ぜひ	-	꼭
たぶん	-	아마
すでに	-	이미
ほとんど	-	거의
特に	とくに	특히

17. 接続詞 (접속사) 중요 표현

단어	읽는 법(후리가나)	의미
しかし	-	그러나
だから	-	그래서

それに	-	게다가
または	-	또는
つまり	-	즉

18. その他 (그 외) 중요 표현

단어	읽는 법(후리가나)	의미
原因	げんいん	원인
結果	けっか	결과
比較	ひかく	비교
影響	えいきょう	영향
可能性	かのうせい	가능성

19. 擬態語·擬音語 (의태어·의성어) 관련 단어

단어	읽는 법(후리가나)	의미
ぴかぴか	-	반짝반짝
ざあざあ	-	쏟아지는 소리 (비)
ぐっすり	-	푹 (잠)
どきどき	-	두근두근
ばらばら	-	흩어지다

20. ビジネス·職場 (비즈니스·직장) 관련 단어

단어	읽는 법(후리가나)	의미
会議	かいぎ	회의
報告	ほうこく	보고
連絡	れんらく	연락
営業	えいぎょう	영업
採用	さいよう	채용

마구로센세의
본격!
일본어 스터디
중급 ❺ 일본의 건축물

초판 1쇄 펴낸 날 | 2025년 6월 13일

지은이 | 최유리 · 나인완
펴낸이 | 홍정우
펴낸곳 | 브레인스토어

책임편집 | 김다니엘
편집진행 | 홍주미, 이은수, 박혜림
디자인 | 이예슬
마케팅 | 방경희

주소 | (03908) 서울시 마포구 월드컵북로 375, DMC이안상암1단지 2303호
전화 | (02)3275-2915~7
팩스 | (02)3275-2918
이메일 | brainstore@publishing.by-works.com
블로그 | http://blog.naver.com/brain_store
인스타그램 | https://instagram.com/brainstore_publishing

등록 | 2007년 11월 30일(제313-2007-000238호)